Walter Göbel

ABITUR WISSEN

Deutschland nach 1945

Ernst Klett Verlag
Stuttgart Düsseldorf Leipzig

Abbildungsnachweis

Seite 14: Informationen zur politischen Bildung, Nr. 189, Frieden und Sicherheit, hrsg. von der Bundeszentrale für politische Bildung, S. 5; *Seite 17 o., 28, 52, 59, 73 o./u., 76, 77, 83 o., 84 o./u., 105, 112 o./u., 125 o./u.:* © Erich Schmidt Verlag; *Seite 17 u., 64:* Gerhart Binder, Geschichte im Zeitalter der Weltkriege, Seewald Verlag, Stuttgart 1977; *Seite 21:* Gerhart Binder, Deutschland seit 1945, Seewald Verlag, Stuttgart 1977; *Seite 20, 23 o., 30:* AKG, Berlin; *Seite 23 u.:* Lahn Verlag Limburg; *Seite 35:* Der Staatsbürger, Nr. 5, München 1979; *Seite 78 o./u.:* Berlin. Materialien zur Rechtslage und politischen Entwicklung seit 1945. Informationszentrum Berlin; *Seite 43, 83 u., 95:* Fragen an die Geschichte. Das 20. Jahrhundert, hrsg. von H. D. Schmid u. E. Wilms, © Cornelsen Verlag, Berlin 1999; *Seite 79:* Ullstein Bilderdienst; *Seite 96:* Ariadne, München; *Seite 134 o.:* CCC, Hanel, München, *Seite 134 u. re./li.:* © GLOBUS, Hamburg

Der Verlag hat sich nach bestem Wissen und Gewissen bemüht, alle Inhaber von Urheberrechten an Texten und Abbildungen zu diesem Werk ausfindig zu machen. Sollte das in irgendeinem Fall nicht korrekt geschehen sein, bitten wir um Entschuldigung und bieten an, gegebenenfalls in einer nachfolgenden Auflage einen korrigierten Quellennachweis zu bringen.

9 783129 295199

Die Deutsche Bibliothek – CIP-Einheitsaufnahme

Ein Titeldatensatz für diese Publikation ist bei
Der Deutschen Bibliothek erhältlich

Auflage 15. 14. 13. 12. | 2005 2004 2003 2002

Die letzten Zahlen bezeichnen jeweils die Auflage und das Jahr
dieses Druckes.

Internetadresse: http://www.klett-lerntraining.de
E-Mail: klett-kundenservice@klett-mail.de
Einbandgestaltung: Bayerl & Ost, Frankfurt/M.
Repro: Schwabenrepro, Stuttgart
Druck: Wilhelm Röck, Weinsberg
ISBN 3 12 929519-4

Inhalt

Vorbemerkungen

Der vorliegende Band gehört zu einer Reihe, die die deutsche Geschichte des 19. und 20. Jahrhunderts behandelt. Sie ist in erster Linie für die Hand des Schülers gedacht, der sich in der Sekundarstufe II (Grund- und Leistungskurs) mit Geschichte befasst. Sie dient ihm sowohl als Ergänzung zum Unterricht als auch zur Vorbereitung auf das Abitur. Daraus ergibt sich die spezifische Konzeption des Bandes, die eine thematische Gliederung der deutschen Nachkriegsgeschichte (entsprechend den curricularen Lehrplänen) und deren strukturierte Aufbereitung unter klausur- bzw. abiturrelevanten Aspekten verlangt. Dem trägt nicht nur die straffe Untergliederung des Textes, z. B. in Vorgeschichte, Verlauf, Ergebnisse, Bewertung etc. Rechnung, sondern auch die Trennung von Text und Randspalte (Ergänzungen, Zusatzinformationen, Quellen, Literaturangaben). Gerade diese klar strukturierte thematische Aufbereitung ermöglicht die Verwendung des Bandes über die Schule hinaus überall dort, wo es um die Aneignung oder Rekapitulation der Grundzüge der deutschen Geschichte nach 1945 geht.

Dieser Konzeption entsprechend wurde die Literatur unter zwei Gesichtspunkten ausgewählt: Es handelt sich einmal um Standardwerke profilierter Historiker, die als Taschenbücher nicht zu umfangreich und zudem auch erschwinglich sind, zum anderen um Begleitmaterial, das entweder leicht zugänglich ist oder von politischen Institutionen (meist kostenlos) angefordert werden kann.

Die Neuordnung Nachkriegsdeutschlands bis zur Konferenz von Potsdam 1

1 Die europäischen und weltpolitischen Folgen des 2. Weltkriegs

Am 1. Mai meldete der Großdeutsche Rundfunk mit nahezu 24 Stunden Verspätung aus dem Führerhauptquartier, dass „unser Führer Adolf Hitler heute Nachmittag in seinem Befehlsstand in der Reichskanzlei, bis zum letzten Atemzuge gegen den Bolschewismus kämpfend, für Deutschland gefallen ist".

Als am 9. Mai die bedingungslose Kapitulation des Deutschen Reichs in Kraft trat, war „der letzte Akt eines gewaltigen tragischen Dramas" zu Ende gegangen.

Joseph Goebbels in seiner letzten Rundfunkansprache vom 19. April 1945

Deutschland und weite Teile Europas boten ein Bild der Zerstörung und des Grauens, das Gesicht der Welt hatte sich durch die zwölf Jahre des „tausendjährigen Reichs" grundlegend verändert.

Menschenverluste:

Ca. 55 Mio. Tote, 35 Mio. Verwundete, 3 Mio. Vermisste

Wirtschaftliche Folgen:

- Ca. 1500 Mrd. Dollar Kriegskosten;
- Europa verliert seine wirtschaftliche (und zugleich auch politische) Führungsrolle;
- unterschiedliche Entwicklung in Ost (ökonomisches System sowjetischer Prägung) und West (Marshall-Plan, damit Wirtschaftssystem nach amerikanischem Vorbild).

Marshall-Plan, s. S. 48

Grenzen:

Neuordnung Mittel- und Osteuropas, vor allem Deutschlands und Polens, Entstehung und territoriale Ausbildung des Ostblocks.

Politische Folgen:

- Schaffung der UNO zur Sicherung des Weltfriedens. Von Anfang an geringe Effektivität aufgrund der weit reichenden territorialen und politischen Veränderungen als Folgeerscheinung des 2. Weltkriegs;

UNO, s. S. 140

vgl. die Truman-Doktrin vom 12. März 1947: Angebot der wirtschaftlichen und militärischen Hilfe für alle freien, vom Kommunismus bedrohten Völker (Bodensieck III, Nr. 44)

- die späteren Führungsmächte USA und SU sehen ihre unterschiedlichen Ideologien als Basis für eine neue Weltordnung an;
- sie beinhaltet für beide eine Führungsrolle in der Weltpolitik;
- die USA begründen ihren Führungsanspruch zunächst ohne klares Konzept mit ihrer Rolle als „Hort der Demokratie", als führende Wirtschaftsmacht und als alleinige Atommacht. Die SU beansprucht die Führung (zunächst nur in ihrem Machtbereich) als Mutterland des Kommunismus, als ideologische Führerin;

vgl. Stalins „Sozialismus in einem Lande": Das Ziel Weltrevolution tritt zugunsten der Entwicklung in der SU in den Hintergrund. Deren vorbehaltlose Unterstützung wird für alle kommunistischen Parteien und Länder verpflichtend.

- mit dem Aufstieg der SU zur Weltmacht und dem Ausbau des sowjetischen Satellitensystems entwickelt sich der Ost-West-Gegensatz, der in den Kalten Krieg (1947–1956) mündet und einen ersten Höhepunkt in der Berlin-Blockade (1948/49) findet;
- Folgen: Verschärfung der Propaganda, Prestigepolitik, Aufrüstung, Entstehung und Ausbau der Bündnissysteme NATO und Warschauer Pakt, technische und wirtschaftliche Rivalität;

NATO, s. S. 139
Warschauer Pakt, s. S. 140

- die Dekolonialisierung löst Unabhängigkeitsbestrebungen aus, nationale und ethnische Gegensätze sowie die Entstehung neuer Staaten, neuer Rivalitäten, Krisen und Kriege;

Israel, arabische Staaten; Indien – Pakistan; Afrika, Asien, Südamerika

- die Blockfreien formieren sich zu einer dritten politischen Kraft;
- das „Gleichgewicht des Schreckens", das atomare Patt, zwingt die Supermächte zur friedlichen Koexistenz (seit 1956) und zur Kooperation (seit 1962);
- Folge: Bi- und multilaterale Abkommen und Verträge.

SALT, KSZE etc., s. S. 111

2 Die Konferenz von Teheran

28. November–1. Dezember 1943

2.1 Das Verhältnis der Alliierten zueinander

Zur Frage der zweiten Front vgl. Loth, a.a.O., S. 71–75

Ausführlich: Loth, a.a.O., S. 86ff.

„Wir kommen als Richter und Rächer. Der Feind muss ohne Gnade vernichtet werden." (Sowjetischer Aufruf an die Luftwaffe 1944; zit. nach Schmid, a.a.O., S. 178, Q. 2)

Nach dem einstimmig gefassten Beschluss, durch eine Invasion in Nordfrankreich eine zweite Front zu errichten, konzentrierten sich die Beratungen auf zwei Schwerpunkte: auf die territoriale Neuordnung Nachkriegsdeutschlands und auf die Modalitäten eines neu zu errichtenden Staates Polen (Westverschiebung, Bildung und Einsetzung einer polnischen Regierung, Staatsform). Beide Problembereiche machen erste grundlegende Differenzen innerhalb der Anti-Hitler-Koalition deutlich. Sie werden jedoch bis zum Kriegsende von dem gemeinsamen und vorrangi-

gen Ziel überlagert, nämlich der Ausschaltung Deutschlands als Großmacht, dem Sieg über Nazideutschland und der Ausrottung des Faschismus allgemein. Bezüglich der territorialen Behandlung Deutschlands bestehen auch im westlichen Lager unterschiedliche Vorstellungen.
Während Roosevelt Deutschland nach dem Sieg als Versuchsfeld einer friedlichen Zusammenarbeit mit der SU sieht, erkennt Churchill früh die unvermeidliche Auseinandersetzung zwischen Ost und West und sieht deshalb die Funktion Nachkriegsdeutschlands als Speerspitze gegen den Kommunismus. Die unterschiedlichen Vorstellungen der drei Staatsmänner finden ihren Niederschlag in den Deutschlandplänen der Konferenz.

Aufschlussreich ist in diesem Zusammenhang die provokatorische Frage Churchills an Stalin, die er während der Teheraner Konferenz stellte, ob dieser „ein Europa, bestehend aus kleinen Staaten, unzusammenhängend, getrennt und schwach", beabsichtige.

2.2 Der Roosevelt-Plan der Zerstückelung Deutschlands

Inhalt:

- Aufteilung Deutschlands in fünf voneinander völlig unabhängige Länder:
  a) Preußen, so klein und schwach wie möglich
  b) Hannover und der Nordwesten
  c) Sachsen
  d) Hessen-Darmstadt, Hessen-Kassel und das hessische Gebiet südlich des Mains
  e) Bayern, Baden und Württemberg
- Abtrennung der Wirtschaftszentren (Hamburg und der Nord-Ostsee-Kanal; Ruhrgebiet und Saarland) und deren Unterstellung unter eine internationale Behörde.

Konferenzprotokoll bei Bodensieck I, Nr. 1

Begründung:

- Alle Deutschen sind gleich, Unterschiede bei ihrer Behandlung müssen deshalb nicht gemacht werden;
- die Idee der nationalen Einheit in Deutschland ist noch nicht alt; Verweis auf die Kleinstaaterei des 19. Jahrhunderts. Widerstände sind deshalb nicht zu erwarten.

vgl. hierzu:
Wartburgfest 1817
Hambacher Fest 1832
Paulskirche 1848/49

Bedeutung:

- Politischer Dezentralismus nach dem Vorbild des frühen 19. Jahrhunderts;
- die Lebensfähigkeit dieser Gebilde wäre ohne die Wirtschaftszentren äußerst fraglich gewesen;
- Wiedervereinigungsbestrebungen wären aufgrund des starken nationalen Gedankens die logische Konsequenz gewesen.

2.3 Der Churchill-Plan

Inhalt:
- Isolierung Preußens als des Hauptübels;
- Trennung Bayerns, der Pfalz, Badens und Württembergs vom Rest Deutschlands und Zusammenschluss zu einer Donauföderation.

Begründung:
- Ethnische Unterschiede zwischen der Bevölkerung in Preußen und in Süddeutschland;
- Vermeidung eines permanenten Wiedervereinigungsbestrebens.

Bedeutung:
- Starkes Süddeutschland
- Lebensfähigkeit der einzelnen Teile

2.4 Stalins deutschlandpolitische Vorstellungen

Stalins Einstellung zur Behandlung Deutschlands wechselte mehrfach:
a) Teheran, Jalta: möglichst weitgehende Zerstückelung
b) Seit März 1945: Betonung der Einheit: „Die Hitler kommen und gehen, aber das deutsche Volk, der deutsche Staat bleibt.“ (April 1945)

Sie ergeben sich aus seiner Haltung gegenüber den beiden anderen Plänen. Den Churchill-Plan lehnt er unter Hinweis auf die Gefährlichkeit aller Deutschen ab, den Roosevelt-Plan akzeptiert er als Minimallösung, obwohl für ihn eine „richtige Zerstückelung“ nicht nur fünf Staaten und zwei Wirtschaftsgebiete bedeute.

2.5 Die Langzeitkonzeptionen der „Großen Drei“

vgl. hierzu Schmid, a.a.O., S. 182, T. 3a

- Roosevelt will die dauerhafte wirtschaftliche und politische Schwächung Deutschlands. Dieses Ziel verdeutlicht der vom amerikanischen Finanzminister Henry Morgenthau im Jahre 1944 vorgelegte und nach ihm benannte Plan, der u.a. die totale Zerstörung der deutschen Industrie und die Umwandlung Deutschlands in einen Agrarstaat vorsah. Obwohl Churchill und Roosevelt ihre Unterschrift noch im selben Jahr wieder zurückzogen, beeinflusste der Plan die amerikanische Deutschlandpolitik bis Mitte 1946.
- Churchill möchte ein relativ starkes Deutschland als Bollwerk gegen die Expansion des Kommunismus.
- Stalin will die Beeinflussung, gegebenenfalls Einverleibung eines möglichst schwachen Deutschlands, das als Sprungbrett zum Atlantik dienen kann.

3 Die Konferenz von Jalta

4.–12. Februar 1945

3.1 Die Charakterisierung der Konferenz

Die Konferenz machte sowohl die von Anfang an latent vorhandenen Spannungen zwischen den Alliierten als auch die Unentschlossenheit und das Fehlen eines klaren Konzepts auf seiten der USA deutlich. Die Folge war, dass die entscheidenden Fragen (Zerstückelung Deutschlands, die deutsch-polnische Grenze, die wirtschaftliche Behandlung Deutschlands) offen blieben oder durch Formelkompromisse mehr schlecht als recht geregelt oder gar auf die lange Bank geschoben wurden. Sie blieben damit Streitpunkte, die schließlich zur unterschiedlichen Behandlung der beiden Teile Deutschlands nach 1945 führten.

Ausführlich:
Loth, a.a.O., S. 82–85, 89–95;
Info 259, S. 3f.

3.2 Die Verhandlungspositionen

Das Verhältnis der USA und (in geringerem Maß) das Großbritanniens zur SU wurde trotz des sich abzeichnenden Sieges in Europa nach wie vor von Faktoren bestimmt, die für Stalin günstig waren:

- Es gelang ihm, seinen Partnern die weitgehenden Forderungen bezüglich Deutschlands und Polens als selbstverständliche Konsequenz der durchstandenen Leiden und der großen Siege seines Volkes nahe zu bringen;
- der amerikanische Präsident ging aufgrund der Kriegssituation in Asien und im Pazifik davon aus, die SU im Kampf gegen Japan als Verbündeten unbedingt zu benötigen. Dies stärkte die Position Stalins gegenüber Roosevelt;
- trotz der Warnungen aus den eigenen Reihen und von seiten Churchills setzte sich bei Roosevelt bis zu seinem Tode am 12. April 1945 keine realistische Einschätzung Stalins bzw. seiner Ziele und ein daraus resultierendes konsequentes Handeln durch;
- der Gesundheitszustand Roosevelts verschlechterte sich zusehends, so dass er den körperlichen und geistigen Belastungen einer derartigen Konferenz offensichtlich nicht mehr gewachsen war;
- trotz seines Misstrauens gegenüber Stalin gab Churchill des Öfteren widerstrebend nach, da er die Einheit der Koalition und den dadurch verbürgten Sieg nicht gefährden wollte.

Sowjetische Verluste:
13,6 Mio. Soldaten
7,0 Mio. Zivilisten

Das amerikanisch-sowjetische Verhältnis:

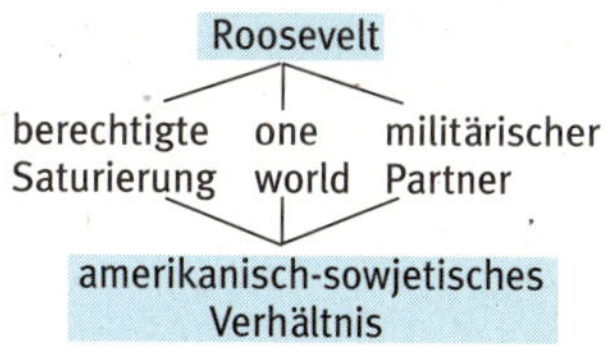

Protokoll bei Bodensieck I, Nr. 4–6; Salzmann, a.a.O., Nr. 2

Haupteinwand: Die von Stalin gewünschte Entscheidung sei kompliziert, sie setze Untersuchungen über die historischen, politischen, wirtschaftlichen und soziologischen Aspekte des Problems voraus.

3.3 Die Zerstückelung Deutschlands

Das Konferenzprotokoll vom 5. Februar 1945 gibt ein anschauliches Bild vom Ringen um die Zukunft Deutschlands: Stalin drängte, er wollte das leidige Deutschlandproblem endlich vom Tisch wissen. Churchill erklärte sich prinzipiell mit einer Zerstückelung einverstanden, nannte jedoch Vorbehalte und erweiterte seinen Teheraner Plan zur Donauföderation, indem er Wien als Hauptstadt vorschlug (= Verlagerung des Schwergewichts nach Osten). Einen Beschluss über die Sonderstellung der Wirtschaftszentren lehnte er ab. Stalin drängte erneut, erhielt Unterstützung von Roosevelt, der seinen Teheraner Plan wieder vorschlug. Nach der endgültigen Ablehnung Churchills einigte man sich auf die Bildung eines Komitees, das die Modalitäten der Zerstückelung erarbeiten sollte („dismemberment committee").

Weitere, Deutschland nicht betreffende Bestimmungen:
1. *Gründung der UNO*
2. *Erklärung über das befreite Europa. Prinzipien: Frieden, Freiheit, Sicherheit, Wohlstand*
3. *Eintritt der SU in den Krieg gegen Japan nach Besiegung Deutschlands*

3.4 Die Ergebnisse der Konferenz

Keine Einigung über die territoriale Zukunft Deutschlands, jedoch Übereinstimmung bei folgenden Punkten:
- Entwaffnung Deutschlands;
- Bestrafung von Kriegsverbrechern;
- Reparationen durch Geld- und Sachlieferungen (Demontage). Die SU erhält 50 % der von Deutschland zu zahlenden Reparationen (= 10 Mrd. Dollar);
- Bildung einer französischen Zone, die aus den beiden westlichen Zonen herausgenommen wird;
- Errichtung eines „alliierten Kontrollrats" der vier Oberkommandierenden (Sitz: Berlin), dessen Aufgabe darin besteht, in „allen Deutschland als Ganzes betreffenden Angelegenheiten" einstimmig zu entscheiden;
- Bekräftigung der Teheraner Beschlüsse über Polen, vor allem bezüglich seiner Westverschiebung.

Eine Zusammenfassung der Ergebnisse macht die Kontinuität der alliierten Deutschlandpolitik einerseits und die Gewinne der beteiligten Staatsmänner andererseits deutlich:

Die Konferenz von Jalta

	Stalin	Roosevelt	Churchill
Deutschlandplan	– möglichst weitgehende Zerstückelung – Minimalforderung: Roosevelt-Plan – Hohe Reparationen – Westverschiebung Polens = Oder-Neiße-Grenze	– Teheraner Plan: 5 unabhängige Länder, 2 internationalisierte Industriezentren – Westverschiebung Polens (provisorischer Charakter)	– Zweiteilung: Isolierung Preußens, Donaubund – Erträgliche Reparationen – Westverschiebung Polens (provisorischer Charakter)
Argumentationen Taktiken	– Ausschalten Deutschlands als Gefahrenquelle – Honorierung der militärischen Leistung der UdSSR – Neuaufbau zerstörter russischer Industriegebiete – politische Dezentralisierung Deutschlands	– dito – Mentalitätsidentität aller Deutschen – Saturierung Stalins (noblesse oblige)	– dito – Mentalitätsunterschiede – lebensfähige Teile – Vermeiden eines Wiedervereinigungsbestrebens – Komplexität des Problems – Spiel auf Zeit
Langzeitkonzeptionen	– Beseitigung Deutschlands als kontinentale Macht – Verlagerung der eigenen Einflusssphäre möglichst weit nach Westen, damit: Sicherung der europäischen Hegemonie	– Schwächung Deutschlands – Gewinnung der UdSSR für die „Eine Welt“	– Nachkriegsdeutschland als Bollwerk gegen Kommunismus (Hauptstadt Wien!)
Gewinn	– prinzipielle Aufteilung Deutschlands – wirtschaftliche Gewinne – Westverschiebung Polens – Einflusssphäre um 1200 km nach Westen verschoben	– Aufteilung Deutschlands – Nichtanerkennung der provisorischen polnischen Regierung	– nur prinzipielle Aufteilung Deutschlands – Nichtanerkennung der provisorischen polnischen Regierung – Zeitgewinn

Territoriale Gewinne der Sowjetunion 1939–1945

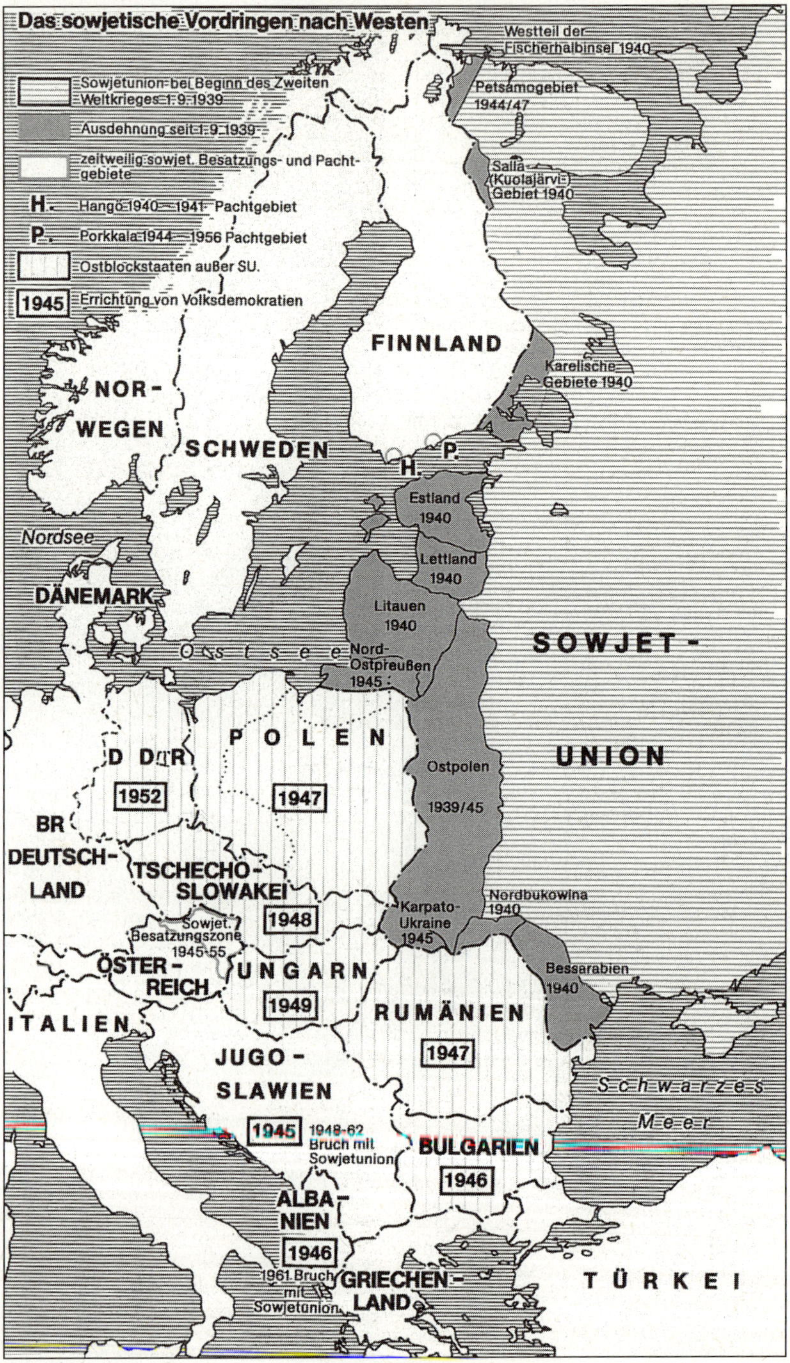

Info 189, S. 5

3.5 Der Wandel der sowjetischen Deutschlandpolitik nach Jalta

Nachdem sich Stalin mit seinen deutschlandpolitischen Vorstellungen nicht hatte durchsetzen können, wechselte er seinen Kurs nach Jalta radikal. Sein Maximalziel bestand nun in einem gesamtdeutschen (kommunistischen) Einheitsstaat, sein Minimalziel in einem kommunistischen Teilstaat, der 1949 als DDR realisiert wurde. Gründe für diesen überraschenden Wandel:

vgl. hierzu Loth, a. a. O., S. 94 ff.

s. S. 75 ff.

- Nach der Einverleibung Ost- und Mitteleuropas und der Schaffung eines Gürtels von Satellitenstaaten war das sicherheitspolitische Problem einer Schutzzone gelöst, so dass ein einheitliches Deutschland in Kauf genommen werden konnte;
- Stalin erhoffte sich von einem vereinten Deutschland größere wirtschaftliche und technologische Gewinne;
- die Chance einer massiven Beeinflussung des gesamten Deutschlands von der sowjetisch besetzten Zone aus schien Stalin Erfolg versprechend;
- Moskau versprach sich als Vorkämpfer der deutschen Einheit einen Prestigegewinn beim deutschen Volk.

4 Die Konferenz von Potsdam: Abschluss und Neubeginn

17. Juli – 2. August 1945

4.1 Die Charakterisierung der Konferenz

Sie muss als wichtigste Konferenz der Anti-Hitler-Koalition überhaupt angesehen werden, da sie in ihrer Doppelfunktion einmal den Abschluss der gemeinsamen, zum anderen den Neubeginn und die Ausgangsbasis der divergierenden Deutschlandpolitik der Siegermächte bildet.

Ausführlich: Vogelsang, a. a. O., S. 17–27; Hillgruber, a. a. O., S. 18–21; Info 259, S. 4 ff.

Die im „protocol of proceedings“ von den Alliierten zusammengefassten wesentlichen Prinzipien und Ergebnisse waren bereits durch die Beschlüsse von Jalta präjudiziert. Eine schnelle Einigung wurde über die politischen Grundsätze der Behandlung Deutschlands (Demilitarisierung, Denazifizierung, Demokratisierung, Dezentralisierung, Demontage) erzielt. Die Aufschiebung der territorialen Frage jedoch, die die Bildung eines künftigen deutschen Staates in der Schwebe ließ, sowie terminologische und inhaltliche Kompromisse und Schwachstellen des Abkommens ermöglichten später eine unterschiedliche, mitunter konträre Interpretation. Damit waren die Vor-

engl. to proceed = vorgehen, verfahren

aussetzungen geschaffen für eine in ihren wesentlichen Punkten völlig gegensätzliche Deutschlandpolitik der vier Siegermächte.

Abkommen bei Bodensieck I, Nr. 15 und Salzmann, a. a. O., Nr. 5

4.2 Die politischen Bestimmungen

- Verwaltung des besetzten Deutschlands durch den Rat der Außenminister bzw. durch den Alliierten Kontrollrat;
- gleiche Behandlung der deutschen Bevölkerung „soweit praktisch durchführbar";
- völlige Abrüstung, Demilitarisierung;
- Denazifizierung;
- Umgestaltung des gesellschaftspolitischen Lebens auf demokratischer Grundlage;
- Reorganisation des Gerichtswesens;
- Bestrafung aller Kriegsverbrecher;
- Dezentralisierung der Verwaltung;
- Gewährung der Grundrechte unter Berücksichtigung der militärischen Sicherheit.

Mittel einer grundlegenden Gesellschaftsumstrukturierung in der DDR, s. S. 27 ff.

4.3 Die wirtschaftlichen Bestimmungen

- Vernichtung des deutschen Kriegspotenzials;
- Verbot und Demontage der an der Kriegsproduktion beteiligten Industrie;
- Dezentralisierung der deutschen Wirtschaft in kürzester Zeit;
- Betonung der Landwirtschaft und der Friedenswirtschaft bei der Neuorganisation Deutschlands;
- Regelung der Reparationen (Höhe, Zahlungsmodalitäten);
- Während der Besatzungszeit ist Deutschland als wirtschaftliche Einheit zu betrachten.

4.4 Territoriale Bestimmungen

- Das nördliche Ostpreußen und Königsberg fallen an die SU vorbehaltlich der endgültigen Regelung durch einen Friedensvertrag (provisorischer Charakter);
- Festlegung der vorläufigen polnischen Westgrenze bis zu einem Friedensvertrag und Unterstellung der Gebiete östlich der Oder-Neiße-Linie sowie Danzigs unter polnische Verwaltung bis zu diesem Zeitpunkt (provisorischer Charakter).

Bereits vor Ende der Konferenz hatte Moskau die deutsche KP-Führung von der endgültigen Abtrennung in Kenntnis gesetzt. Ulbricht (25. Juni 1945) vor KPD-Funktionären:
„Eine weitere schwere Folge des verbrecherischen Hitlerkrieges ist die Abtrennung der Gebiete östlich der Oder und der Görlitzer Neiße." (zit. nach Hartl/Marx, a. a. O., S. 171)

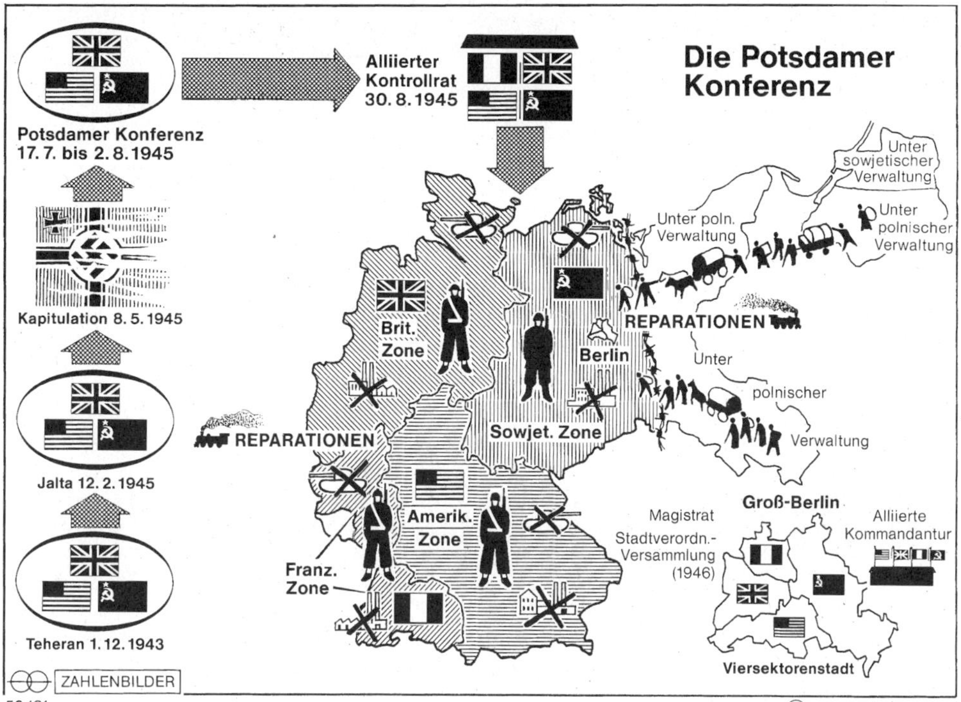

50 131

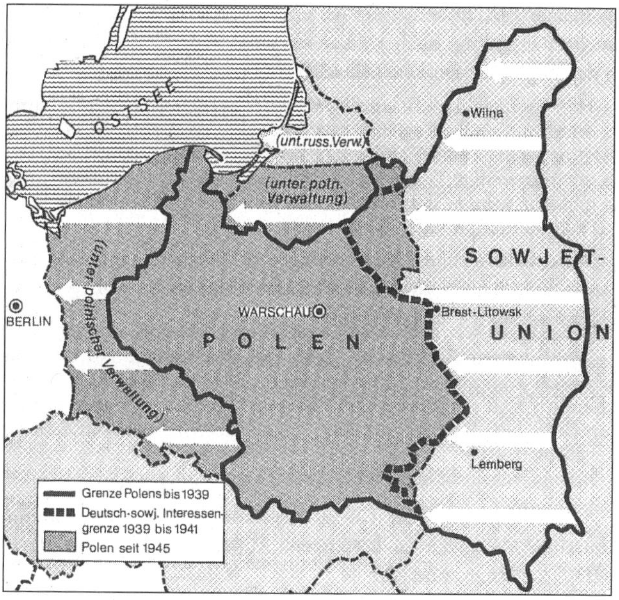

Die „Westverschiebung Polens"
G. Binder, Geschichte im Zeitalter der Weltkriege, S. 837

4.5 Bestimmungen, welche die Entwicklung Deutschlands langfristig beeinflussten

- Gemeinsame Verwaltung durch Außenminister- und Alliierten Kontrollrat; beide Institutionen scheitern 1948 endgültig. Folge: es gibt keine gemeinsame Deutschlandpolitik mehr;
- die wirtschaftliche Einheit wird unmittelbar nach Potsdam aufgegeben, da bezüglich der Entnahme der Reparationen keine Einigung erzielt werden kann. Folge: Auch wirtschaftlich konzentriert sich jede Besatzungsmacht auf ihre eigene Zone;
- Aufbau des gesellschaftspolitischen Lebens auf demokratischer Grundlage: Die völlig unterschiedlichen Demokratievorstellungen haben die Entstehung zweier konträrer Staatsformen zur Folge;
- territoriale Bestimmungen: Sie werden von den Ländern des Ostblocks bald als rechtsverbindlich und endgültig angesehen.

Demokratie westlich:
- *parlamentarische Regierungsform*
- *Grundrechte haben Vorrang vor Staatsgewalt*
- *Gewaltenteilung*

Demokratie östlich:
- *alleinige Führung einer Partei*
- *Gewaltenkonzentration*
- *zentralistische Lenkung und Planung*

4.6 Die Beurteilung des Abkommens in östlicher und westlicher Sicht

Die im Sommer 1945 begonnene Entwicklung in beiden Teilen Deutschlands beruhte nach Ansicht der Politiker, Publizisten und Historiker des Ostblocks ausschließlich auf der Befolgung bzw. Nichtbefolgung der Empfehlungen des Potsdamer Abkommens. Walter Ulbricht, der führende Politiker der DDR 1945–1971, formulierte dies zum 10. Jahrestag der DDR (1959) so: „Der erste deutsche Arbeiter- und Bauernstaat ist der rechtmäßige deutsche Staat, weil in ihm die Grundsätze der Anti-Hitler-Koalition verwirklicht… worden sind,… weil er die Ziele,… für die die Staaten der Anti-Hitler-Koalition gekämpft haben, zum Staatsgesetz erhoben hat.“ (zit. nach Hartl/Marx, a.a.O., S. 178)

Dieser Versuch, das Abkommen als maßgebliche Grundlage und als alleinigen Legitimitätsnachweis zu sehen, stieß im Westen, vor allem in der Bundesrepublik, immer auf heftige Kritik und Ablehnung. Besonders umstritten waren folgende Bereiche des Abkommens: Rechtscharakter, Adressat, legitimatorische Bedeutung und historische Bewertung.

Durch die gesamte Innen- und Deutschlandpolitik der SBZ bzw. DDR zieht sich die seit 1945 immer wieder erhobene Forderung: „Zurück zu Potsdam!“.

Das Potsdamer Abkommen

	östliche Sicht	westliche Sicht
Rechtscharakter	Völkerrechtlicher Vertrag vom Inhalt her	kein völkerrechtlicher Vertrag; nur Regierungsabkommen
Adressat	deutsches Volk über alliierte Regierungen	nur alliierte Regierungen
legitimatorische Bedeutung	normative Kraft; höher als fdGO*; einzig rechtliche Grundlage	keine normative Kraft, da Deutschland nicht Adressat
historische Bewertung	größte Bedeutung für Deutschlandpolitik allgemein	kein Schwerpunkt neuester deutscher Geschichte
	östliche Deutschlandpolitik	westliche Deutschlandpolitik

*fdGO = freiheitlich-demokratische Grundordnung (der Bundesrepublik), s. S. 138

2 Die Situation im besiegten Deutschland

1 Die „Stunde Null“

Info 259, S. 13 ff.

Die bedingungslose Kapitulation hinterließ ein Deutschland, das in vielerlei Hinsicht einem Trümmerfeld glich. Die totale Niederlage, deren Ausmaß dem totalen Eroberungs- und Vernichtungswillen Hitlers entsprach, schuf chaotische Zustände in allen Bereichen des privaten und öffentlichen Lebens. Die deutschen Städte lagen in Schutt und Asche, Trümmerhaufen bestimmten das Straßenbild, große Teile der Bevölkerung waren vertrieben, vermisst, verwundet, getötet. Familien waren zerrissen, Millionen nach Vertreibung und Flucht obdachlos in ihrer neuen Heimat. Wirtschaft und Infrastruktur waren weitest gehend zusammengebrochen. Die Versorgung der Bevölkerung, die Nahrung, Wohnung und Arbeitsplätze mit den Flüchtlingen teilen musste, konnte selbst bei lebenswichtigen Gütern nur regional und allgemein sehr unzureichend gesichert werden. Die Industrie erreichte aufgrund der Zerstörungen, des Mangels an Arbeitskräften und der gesamttechnischen Versorgungslage nur einen Bruchteil der Vorkriegsproduktion.

Frankfurt, Innenstadt, Juni 1945

Das Fehlen jeglicher politischer Repräsentanz verhinderte eine frühe Lösung der vielfältigen Probleme und trug auf diese Weise zur katastrophalen Lage der „Stunde Null“ bei.

2 Menschen- und Wohnraumverluste

Der Verlust der durch den Krieg getöteten Deutschen betrug ca. 10 % der gesamten Bevölkerung bei Kriegsausbruch (= 8 Mio.). Abgesehen vom privaten Elend ergaben sich daraus auch für das öffentliche Leben weit reichende Folgen: fehlende Arbeitskräfte, Mangel an Spezialisten, fehlendes Führungspotenzial in Wirtschaft und Politik.

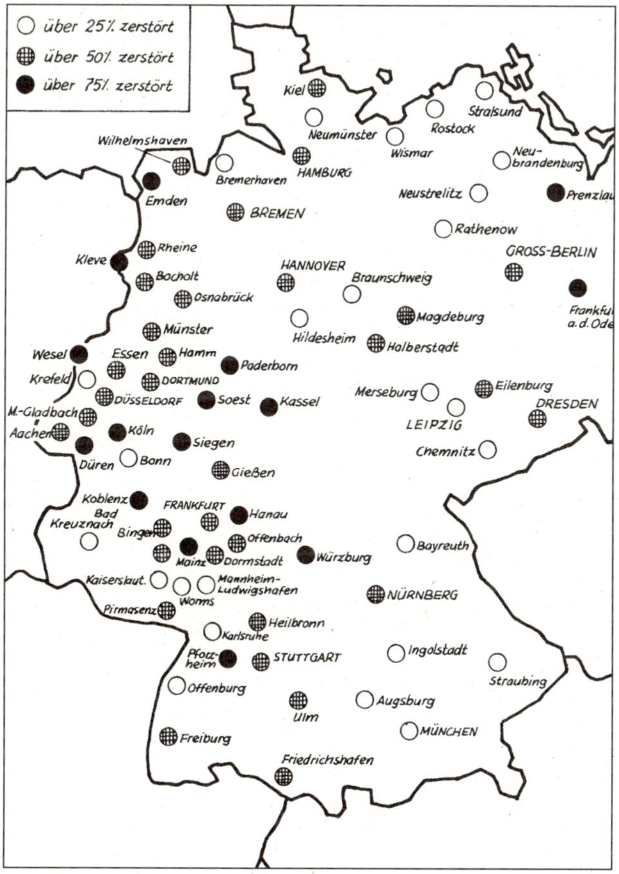

Kriegszerstörungen in deutschen Städten
Binder, Deutschland seit 1945, Stuttgart 1969, S. 869

Die Städte lagen weit gehend in Trümmern, teilweise waren sie bis zu 80 % zerstört. Bei Kriegsende waren ca. 15–20 % aller Wohnungen in Deutschland unbewohnbar. Als Folgen ergaben sich daraus:

- Drangvolle Enge,
- Seuchengefahren,
- starke Binnenwanderung (mehr als 25 Mio. Deutsche wechseln ihren Wohnsitz),
- erschwerte Familienzusammenführung.

3 Die wirtschaftliche Lage

„Normale" Zeitungsannoncen 1945/46:

„Tausche elektrischen Ofen gegen Herrenhut (Gr. 57), evtl. Verkauf"

„Geschirr, Teller, Tassen und Lampen gesucht. Union Werkskantine"

- Totales wirtschaftliches Chaos;
- die Versorgung der Bevölkerung kann nicht mehr wahrgenommen werden, da der Waren-, Personen- und Leistungsverkehr innerhalb Deutschlands und ins Ausland völlig zusammenbricht;
- das Post- und Fernmeldewesen kommt zum Erliegen;
- Schwierigkeiten der Nahrungsmittelversorgung sind teilweise bedingt durch die Dezimierung der landwirtschaftlichen Nutzfläche (Ostgebiete) um ca. 25 %;
- die Kohleförderung im Ruhrgebiet sinkt auf ein Viertel der durchschnittlichen Kriegsproduktion. Vor allem im Winter 1946/47 bricht die Versorgung mit Kohle fast völlig zusammen.

Wirtschaftliche Gesamtproduktion (im Vergleich zu 1939):
1945: 15 %
1946: 30 %

Folgen:

a) „Organisieren" außerhalb der Legalität,
b) Entstehung eines Schwarzmarkts (Tausch oder harte Währung: Naturalien, Zigaretten etc.),
c) „Hamsterfahrten".

4 Nahrung, Kleidung, Brennmaterial

Von der UNO errechnete Bedarfsmenge für einen arbeitenden Erwachsenen: (täglich) 2650 cal

Gerade in diesen besonders empfindlichen Bereichen wirkte sich die völlig unzureichende Gesamtversorgung am stärksten aus. Die Folgen waren Hungersnot, Unterernährung, geringe körperliche Widerstandsfähigkeit. In der britischen Zone müssen im Juni 1947 750 cal (= drei Scheiben Brot) pro Person für einen Tag reichen. Der durchschnittliche Kalorienwert pro Tag und Person beträgt für die ersten Jahre 1000–1500 cal.

Fleisch, Gemüse, Fett werden zu nahezu unerschwinglichen Luxusgütern. Diese bedrohliche Versorgungssituation wird verstärkt durch die katastrophale Versorgung mit Brennmaterial und Kleidung. In dieser Situation führen Hunderttausende Familien jahrelang ein Leben am Rande des Existenzminimums.

5 Vertreibung

- Gesamtzahl der aus den Ostgebieten Vertriebenen: 12 Mio. Menschen;
- Problem: Sie müssen sich in den Besatzungszonen Wohnung, Arbeit und Nahrung mit den dort Ansässigen teilen. Aus dieser Konkurrenz resultiert eine weit gehende Ablehnung der „Flüchtlinge“;
- nach amtlichen Angaben kommen bei der Vertreibung, die dem Potsdamer Abkommen entsprechend eine „ordnungsgemäße Überführung“ hätte sein sollen, nahezu 2 Mio. Flüchtlinge um.

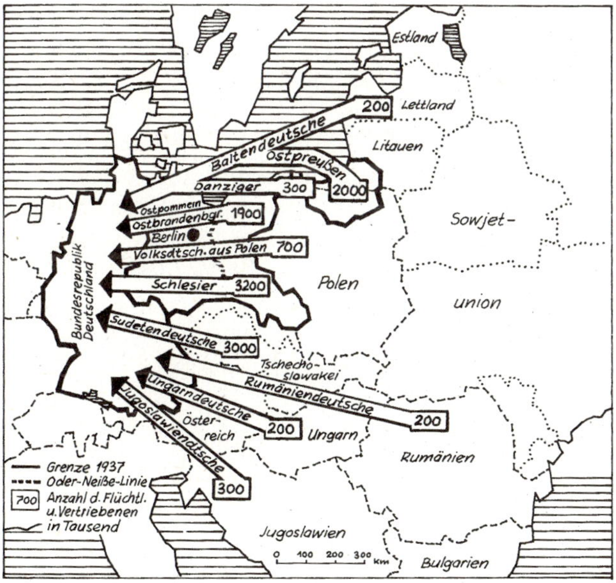

12,4 Millionen Deutsche wurden aus ihrer Heimat vertrieben
W. Loch/A. Hoffmann, a. a. O., S. 55

Um die regelmäßige Versorgung der Berliner Bevölkerung mit Lebensmitteln sicherzustellen, hat das Sowjetische Militärkommando durch den Kommandanten der Stadt Berlin der Stadtverwaltung ausreichende Mengen von Lebensmitteln zur Verfügung gestellt.

Gemäß Befehl des Militärkommandanten der Stadt Berlin, Generaloberst BERSARIN, sind ab 15. Mai 1945 folgende, feste Lebensmittelrationen **pro Person und Tag** festgesetzt worden:

Brot

1.) Schwerarbeiter und Arbeiter in gesundheitsschädlichen Betrieben	600 gr.
2.) Arbeiter, die nicht in schweren oder gesundheitsschädlichen Berufen tätig sind	500 gr.
3.) Angestellte	400 gr.
4.) Kinder, nichtberufstätige Familienangehörige und die übrige Bevölkerung	300 gr.

Nährmittel

1.) Schwerarbeiter und Arbeiter in gesundheitsschädlichen Betrieben	80 gr.
2.) Arbeiter, die nicht in schweren oder gesundheitsschädlichen Berufen tätig sind	60 gr.
3.) Angestellte	40 gr.
4.) Kinder, nichtberufstätige Familienangehörige und die übrige Bevölkerung	30 gr.

Fleisch

1.) Schwerarbeiter und Arbeiter in gesundheitsschädlichen Betrieben	100 gr.
2.) Arbeiter, die nicht in schweren oder gesundheitsschädlichen Berufen tätig sind	65 gr.
3.) Angestellte	40 gr.
4.) Kinder, nichtberufstätige Familienangehörige und die übrige Bevölkerung	20 gr.

Fett

1.) Schwerarbeiter und Arbeiter in gesundheitsschädlichen Betrieben	30 gr.
2.) Arbeiter, die nicht in schweren oder gesundheitsschädlichen Berufen tätig sind	15 gr.
3.) Angestellte	10 gr.
4.) Kinder	20 gr.
5.) Nichtberufstätige Familienangehörige und die übrige Bevölkerung	7 gr.

Zucker

1.) Schwerarbeiter und Arbeiter in gesundheitsschädlichen Betrieben und Kinder	25 gr.
2.) Arbeiter, die nicht in schweren oder gesundheitsschädlichen Berufen tätig sind, sowie Angestellte	20 gr.
3.) Nichtberufstätige Familienangehörige und die übrige Bevölkerung	15 gr.

Kartoffeln

Für jeden Einwohner	400 gr.

13. Mai 1945.

An die Bevölkerung der Stadt Berlin

6 Soziale Folgen

- Zerrissene Familien;
- Verluste an Sach- und Geldwerten;
- Absinken großer Teile der städtischen Mittelschicht in proletarische Verhältnisse;
- bestimmte Bevölkerungsgruppen (Bauern, Handwerker) besitzen eine höhere soziale Sicherheit, was zu erheblichen Spannungen innerhalb der Bevölkerung führt;
- der Wiederaufbau muss in der Anfangsphase vorwiegend von Frauen geleistet werden; dadurch erhält die Frau eine veränderte Rolle in der Gesellschaft;
- die Auseinandersetzung mit den Gräueltaten des Dritten Reichs aufgrund der Öffnung der Konzentrationslager und aufgrund der Nürnberger Kriegsverbrecherprozesse sowie die Behandlung dieses Themas in den Medien und in der Literatur verstärken zusammen mit der Entnazifizierung die Spaltung im Volk;
- Diskussionen entzünden sich bis in jüngste Zeit an dem Problem der Kollektivschuld.

Die „Trümmerfrau" als Symbol des Wiederaufbaus

November 1945 bis Oktober 1946, *s. S. 26f.*

Entnazifizierung, *s. S. 25f.*

7 Die staatliche Repräsentanz

23. Mai 1945

Nach der Verhaftung der Regierung Dönitz gab es in Deutschland keine staatliche Verwaltung mehr. Damit fehlte die Organisation, die sich der vielfältigen Probleme am besten hätte annehmen können. Die Bewältigung all dieser Probleme (Eingliederung der Vertriebenen, Rückkehr der Kriegsgefangenen, Familienzusammenführung, Versorgungsschwierigkeiten etc.) musste deshalb von den Alliierten oder vom Einzelnen gelöst werden.

Unterschiedliche Ordnungsvorstellungen der Siegermächte in Deutschland

3

1 Der Beginn des politischen Lebens in Deutschland

Info 259, S. 6ff.

Zur Grundlage des politischen Lebens und zum wichtigsten Mittel der Gesellschaftspolitik wurde in der SBZ – wie auch in den westlichen Zonen – die Entnazifizierung. Gemeinsam waren allen Besatzungsmächten Maßnahmen wie Verhaftung, Einweisung in Internierungslager, Überprüfung von Ämtern, Behörden und Einzelpersonen, Einleitung einer geistigen Umerziehung („re-education"), Entflechtung und Enteignung von Großindustrie, Großbanken und Großgrundbesitz.

Vogelsang, a.a.O., S. 48f.

vgl. die amerikanische Direktive JCS 1067 vom 26. April 1945: „Deutschland wird nicht besetzt zum Zwecke seiner Befreiung, sondern als besiegter Feindstaat."

Ausschlaggebend für die unterschiedliche Entwicklung in Ost und West war die rigorose Anwendung derartiger Maßnahmen, die die Besatzungsmacht in der SBZ von Anfang an mit Hilfe der von ihr eingesetzten Führungskader zu einer gezielten Sowjetisierung benutzte. Die Westmächte dagegen griffen zu derartigen Maßnahmen zunächst nur, um kurzfristige gesellschaftspolitische Ziele in ihren Zonen zu verfolgen (Bestrafung, Ausrottung des Nazismus, Umerziehung). Langfristige Ziele und Perspektiven für die staatliche Entwicklung der Westzonen entstanden konkret erst nach eineinhalb bis zwei Jahren.

Bezeichnend für die in der SBZ angestrebte Entwicklung war der Aufbau des gesellschaftlich-politischen Lebens von oben nach unten. Prioritäten dabei waren:
a) Bildung von Blockparteien und Massenorganisationen
b) Etablierung einer Einheitspartei
c) Politische Entmachtung der Stadt-, Kreis- und Gemeindeverwaltungen zugunsten eines zentralistischen Staatsaufbaus

1.1 Die Entnazifizierung

Grundlagen und Ziele:

Als Leitziel der alliierten Besatzungspolitik erklärten die Siegermächte im Potsdamer Abkommen die Ausrottung des deutschen Militarismus und Nazismus und konkretisierten dies in den „Politischen Grundsätzen" des Abkommens. Im Einzelnen legten sie fest:

- Das Verbot der NSDAP und aller ihr nahe stehenden Organisationen;
- die Bestrafung aller, die mehr als nominell das 3. Reich unterstützt hatten;
- die Umerziehung des ganzen Volkes, die ihm ein Leben auf demokratischer und friedlicher Grundlage ermöglichen soll („re-education").

vgl. hierzu Feldmarschall Montgomery (10. Juni 1945) bei Schmid, a.a.O., S. 179, Q. 3

Bewertung der Entnazifizierung in der DDR: Sie habe die Wurzeln für Faschismus, Militarismus und Krieg beseitigt, weil sie mit der Enteignung des Großgrundbesitzes der Nazi- und Kriegsverbrecherbetriebe gekoppelt worden sei.

Vorgehen:

- Große Unterschiede bezüglich Durchführung und langfristiger Ziele in der SBZ und den westlichen Zonen. Hier wird die Entfernung von Nazis aus allen wichtigen Positionen in Staat, Gesellschaft und Wirtschaft als Grundvoraussetzung eines demokratischen Neubeginns gesehen. In der SBZ richtet sich die Entnazifizierung gegen bestimmte Schichten und Gruppierungen und wird als wesentliches Mittel der Gesellschaftsumstrukturierung gehandhabt.

Von insgesamt 6 Mio. Fällen waren:
1213873 Entlastete
1005854 Mitläufer
150425 Minderbelastete
23060 Belastete
1167 Hauptschuldige
In den restlichen Fällen führten Amnestien für die jüngeren Jahrgänge, für Heimkehrer und andere Gründe zur Einstellung des Verfahrens (zit. nach Binder, a.a.O., S. 875 f.)

- Phasen der Entnazifizierung im Westen:
  a) bis März 1946:
     Massenverhaftungen und Internierungen durch alliierte Gerichte
  b) 1946 bis 1949:
     Entnazifizierung durch deutsche „Spruchkammern" auf der Basis folgender Klassifizierung:
     a) Hauptschuldige
     b) Belastete
     c) Minderbelastete
     d) Mitläufer
     e) Entlastete
  c) 1949:
     Übertragung der Entnazifizierung auf öffentliche Organe der Bundesrepublik.

Der amerikanische Beauftragte für die Entnazifizierung, W. L. Dorn, kritisierte 1949, sie sei viel zu kompliziert.

Ergebnis:

- Insgesamt wenig Erfolg, da eine exakte Klassifizierung aus vielerlei Gründen auf große Schwierigkeiten stößt;
- zahlreichen Nazis gelingt es unterzutauchen; sie finden z.T. als Experten in Wirtschaft und Verwaltung Unterschlupf;
- die Entnazifizierung stößt bei der Bevölkerung in wachsendem Maße auf Ablehnung und ist bald auch bei den westlichen, vor allem den angelsächsischen Siegermächten umstritten, da sich ihre Durchführung als insgesamt schwerfällig und ineffizient erweist.

Es bejahen die Entnazifizierung in der US-Zone:
1946: 57 %
1947: 32 %

1.2 Die Kriegsverbrecherprozesse

Vogelsang, a.a.O., S. 47 f.; Info 259, S. 20 ff.

Vom November 1945 bis Oktober 1946 wird in Nürnberg von einem gemeinsamen alliierten Gericht der Hauptkriegsverbrecherprozess durchgeführt.
Die Alliierten unterscheiden zwischen nicht-ortsgebundenen Hauptkriegsverbrechern (NS-Führungsspitze) und Nazis, deren Verbrechen in bestimmten regionalen Berei-

chen begangen wurden (Gauleiter, Personal von Konzentrationslagern etc.). Der Internationale Gerichtshof, bestehend aus Richtern der Siegermächte, klagt kollektiv die NS-Organisationen NSDAP, Gestapo, SD, SA, SS, die Reichsregierung und das Oberkommando der Wehrmacht (OKW) an und individuell 177 Personen, von denen 24 zum Tode verurteilt und 12 hingerichtet wurden. Unter den Hauptangeklagten befinden sich z.B. Göring, Heß, Ribbentrop, Sauckel, Julius Streicher, Speer, Frank, von Schirach, Keitel, Jodl, Dönitz und Schacht.

„Im Gericht saß das bolschewistische Russland, als Staat totaler Herrschaft der Herrschaftsform nach nichts anderes als der nationalsozialistische Staat. Es war also ein Richter beteiligt, der das Recht, auf dem das Gericht begründet werden sollte, faktisch gar nicht anerkannte... Nicht Recht wurde begründet, sondern das Misstrauen gegen Recht gesteigert.“
(Karl Jaspers, 1962; zit. nach Schmid, Bd. 4, a.a.O., S. 154, Q. 4)

Hauptanklagepunkte sind Kriegsverbrechen, Verbrechen gegen die Menschlichkeit, Verbrechen und Verschwörung gegen den Frieden. Problematisch hieran ist, dass für diese Anklagepunkte bisher keine gesetzliche Grundlage existierte. Dies führte u.a. dazu, dass der Prozess in manchen Phasen den Charakter eines ideologischen Schauprozesses erhielt.

Nachfolgeprozesse gegen hohe Militärs, leitende Beamte, Juristen, Diplomaten, SS-Ärzte und SS-Lagerleiter, KZ-Aufseher etc. ziehen sich bis in die neunziger Jahre hin. Von Besatzungsgerichten wurden in allen Zonen 5025 Personen verurteilt, 486 davon hingerichtet.

Von Gerichten der Bundesrepublik bzw. der DDR wurden bis 1965 12870 bzw. 11115 verurteilt.

Zu bedenken ist hier die unterschiedliche Bevölkerungszahl: BRep.: DDR = 3 : 1

2 Der staatlich-gesellschaftliche Neuaufbau der sowjetischen Besatzungszone

2.1 Die Schaffung von Verwaltungen

Vogelsang, S. 54–58

Das staatlich-politische Leben begann, verglichen mit der Entwicklung in den Westzonen, relativ früh. Dies wurde vor allem durch die Bildung von Kadergruppen ermöglicht, die in der SU während des Krieges auf ihre Aufgabe vorbereitet wurden. Sie rückten mit der Roten Armee vor und nahmen bereits vor Kriegsende ihre Tätigkeit in Berlin (Walter Ulbricht), Sachsen (Anton Ackermann) und im Ostseegebiet (Gustav Sobottka) auf. So kam es bereits im Juli 1945 zur Schaffung von fünf Landes- und zwölf Provinzialverwaltungen, deren Zusammensetzung von den ersten vier Parteien vorgeschlagen und von der sowjetischen Militäradministration (SMAD) bestätigt wurde. Entsprechend der allgemeinen Besatzungspraktik, wie sie von der KPD bzw. der SMAD angewandt wurde, stand an

vgl. hierzu einen Bericht von Wolfgang Leonhard, in: Salzmann, a.a.O., Nr. 3 der Spitze derartiger Verwaltungen ein Präsident, der nicht der KPD angehörte. Die Schlüsselfunktion hatte jedoch sein Stellvertreter inne, der strikt linientreu war.

27. Juli 1945

Der Befehl Nr. 17 erlaubte die Bildung der ersten deutschen Zentralverwaltung. Sie bestand aus 11 Bereichen: Verkehrswesen, Nachrichtenwesen, Brennstoffindustrie, Handel und Versorgung, Industrie, Landwirtschaft, Finanzen, Arbeit und Sozialfürsorge, Gesundheitswesen, Justiz, Volksbildung.

22. Oktober 1945

Durch den Befehl Nr. 111 übertrug die SMAD den Landes- und Provinzialverwaltungen das Recht, Gesetze und Verordnungen mit Gesetzescharakter zu erlassen.

Parallel mit dem Aufbau der Verwaltung lief die Schaffung und Bewaffnung der Deutschen Volkspolizei, die bereits am 31. Oktober 1945 von der SMAD genehmigt wurde.

Sowjetische Besatzungszone 1945: 5 Länder

2.2 Parteien und Massenorganisationen

Schon wenige Wochen nach der Kapitulation ging die SMAD an den Aufbau eines in ihrem Sinne ausgerichteten Parteiensystems.

10. Juni 1945: Befehl Nr. 2 ergeht zur „Bildung und Tätigkeit antifaschistisch-demokratischer Parteien". Sie unterstehen der Kontrolle der SMAD und ihre Tätigkeit hat ebenso wie die der Massenorganisationen „entsprechend den von ihr gegebenen Instruktionen vor sich zu gehen". Die Billigung der Programme und der Mitglieder war obligatorisch.

Grundsätze: Parlamentarisch-demokratische Republik; alle demokratischen Rechte für das Volk; keine Übernahme des Sowjet-Systems Übergeordnetes Ziel: Organisatorische Einheit der Arbeiterklasse

11. Juni 1945: Erste Parteigründung: Wilhelm Pieck führt die Kommunistische Partei Deutschlands (KPD), die sich zunächst ein demokratisches, gemäßigtes Programm gibt.

15. Juni 1945: Die Sozialdemokratische Partei Deutschlands (SPD) unter der Führung von Otto Grotewohl wird von der SMAD genehmigt.

Juni/Juli 1945: Mit der Gründung der Christlich-Demokratischen Union Deutschlands (CDUD) und der Liberal-Demokratischen Partei Deutschlands (LDPD) entstehen die ersten bürgerlichen Parteien im Nachkriegsdeutschland.

Grundsätze und Ziele der SED, 1946: Einheit der Arbeiterbewegung, Block aller antifaschistisch-demokratischen Parteien, freie und unteilbare deutsche Republik, Aufbau des Sozialismus, Aufbau der Wirtschaft nach Wirtschaftsplänen, Sicherung demokratischer Volksrechte (Text bei Salzmann, a. a. O., Nr. 9)

14. Juli 1945: Auf Befehl der SMAD werden die vier Parteien zum „antifaschistisch-demokratischen Block" zwangsweise zusammengeschlossen, der, in Haus-, Wohn- und Betriebsgemeinschaften organisiert, die Sowjetisierung auf unterer Ebene betreiben muss.

22. April 1946: Zwangsweise Verschmelzung von KPD und SPD zur Sozialistischen Einheitspartei Deutschlands (SED). 82 % der SPD-Mitglieder aus Westberlin, die frei abstimmen können, lehnen die Gründung dieser Einheitspartei ab. Anfangs paritätisch besetzt, wurde die SED seit 1948 nach sowjetischem Muster zu einer leninistischen Partei mit straffer Führung umfunktioniert. Der politische Einfluss der SED wurde durch kommunistisch gelenkte „überparteiliche" Massenorganisationen verstärkt: Freier Deutscher Gewerkschaftsbund (FDGB), Freie Deutsche Jugend (FDJ), Gesellschaft für Sport und Technik (GST), Demokratischer Frauenbund Deutschland (DFD), Deutscher Kulturbund (DKB) etc.
September: Gemeindewahlen
Oktober: Landtagswahlen. Die SED erreicht trotz massiver Propaganda in keinem der fünf Länder die absolute Mehrheit.

vgl. hierzu die stets gleiche Sitzverteilung in der Volkskammer:

SED	*110*	*FDGB*	*60*
CDUD	*45*	*DFD*	*30*
LDPD	*45*	*FDJ*	*35*
NDPD	*45*	*DKB*	*19*
DBD	*45*		

2.3 Gesellschaftsverändernde Maßnahmen

Bodenreform:

Info 259, S. 19

Juni 1945: Propagandistische Einleitung mit der Parole „Junkerland in Bauernhand".

September 1945: Provinzial- und Landesverwaltungen erlassen erste Verordnungen über die Durchführung der Bodenreform. In der Folgezeit werden mehr als 7000 Großgrundbesitzer, darunter alle mit mehr als 100 ha Land, entschädigungslos enteignet.
Die Gesamtmenge des enteigneten Landes beträgt 3 298 082 ha. 2/3 davon gehen an bisher landlose Bauern, Vertriebene, landwirtschaftliche Hilfskräfte etc., 1/3 behält der Staat.

Folgen:

Aufgrund dieser Zerstückelung des Agrarbesitzes ging die durchschnittliche Größe eines Bauernhofes auf 5–8 ha zurück. Dies ermöglichte keine gesicherte Existenzgrundlage und zwang die Bauern zum Beitritt in die staatlich geförderten landwirtschaftlichen Produktionsgenossenschaften (LPG).

Enteignung:

17.9.1945: Der gesamte sächsische Kohlebergbau wird der Landesverwaltung unterstellt.

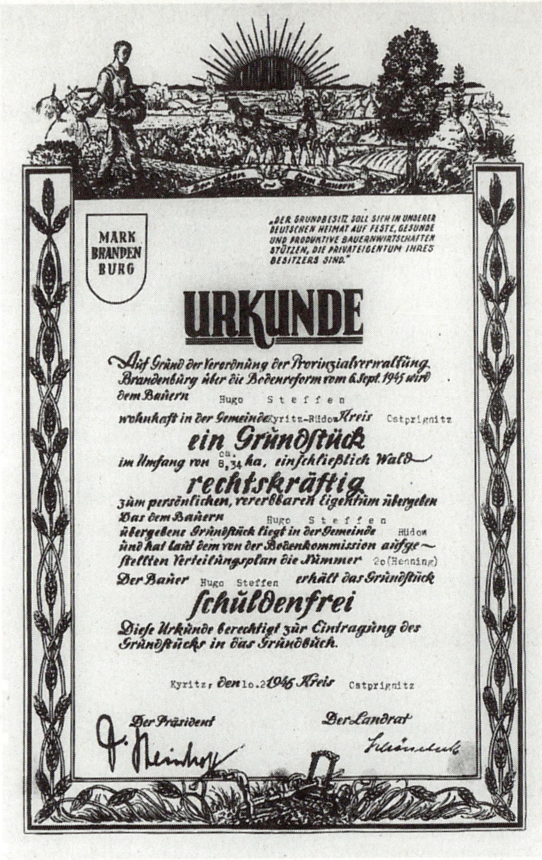

MARK BRANDENBURG

„DER GRUNDBESITZ SOLL SICH IN UNSERER DEUTSCHEN HEIMAT AUF FESTE, GESUNDE UND PRODUKTIVE BAUERNWIRTSCHAFTEN STÜTZEN, DIE PRIVATEIGENTUM IHRES BESITZERS SIND."

URKUNDE

Auf Grund der Verordnung der Provinzialverwaltung Brandenburg über die Bodenreform vom 6. Sept. 1945 wird dem Bauern Hugo Steffen wohnhaft in der Gemeinde Kyritz-Rüdow Kreis Ostprignitz

ein Grundstück

im Umfang von ca. 8,34 ha, einschließlich Wald

rechtskräftig

zum persönlichen, vererbbaren Eigentum übergeben. Das dem Bauern Hugo Steffen übergebene Grundstück liegt in der Gemeinde Rüdow und hat laut dem von der Bodenkommission aufgestellten Verteilungsplan die Nummer 20 (Henning)

Der Bauer Hugo Steffen erhält das Grundstück

schuldenfrei

Diese Urkunde berechtigt zur Eintragung des Grundstücks in das Grundbuch.

Kyritz, den 10.2 1945 Kreis Ostprignitz

Der Präsident　　　　Der Landrat

Bodenreform. Übereignungsurkunde für einen Neubauern, 1945

30. Juni 1946
77,6% der Bevölkerung stimmen mit „ja".

Wert der Reparationen aus der SBZ/DDR an die SU (Zahlen von 1938):
4292 Mio. $ (sowjetische Angaben)
12.900 Mio. $ (westdeutsche Angaben)

28.10.1945: Entschädigungslose Enteignung des Flick'schen Industriebesitzes.

30.10.1945: Befehl Nr. 124 und 126: Auf Anordnung der Besatzungsmacht wird das Eigentum des Deutschen Reichs und aller „aktiven Nazis und Kriegsverbrecher" zwangsverwaltet und kurze Zeit darauf den neuen politischen Institutionen übergeben. Diese Maßnahmen werden durch einen nachträglichen, gelenkten Volksentscheid in Sachsen bestätigt.

Juli/Aug. 1946: Gleiche Maßnahmen in den anderen Ländern. Bis Frühjahr 1948 befinden sich 45 % der gesamten Industrieproduktion in Staatsbesitz.
Sie werden zu Volkseigenen Betrieben (VEB) und Handelsorganisationen (HO) umgewandelt. Weitere 25 % der Gesamtindustrie werden im Rahmen der Reparationszahlungen als sowjetische Aktiengesellschaften von der Besatzungsmacht übernommen und ausgebeutet.

Die Enteignung bzw. Verstaatlichung schloss auch alle Banken ein, die durch neue Länder- und Provinzialbanken ersetzt wurden. Die Privatkonten wurden bis auf kleine Summen gesperrt. Dadurch wurde den bürgerlichen Schichten das Kapital entzogen, was sie zwang, das neue ökonomische System zu akzeptieren.

Reparationen der Westzonen/BRep an Westmächte (Preise von 1938): 700 Mio. $

Die „Säuberung“ der Gesellschaft:

Info 259, S. 24f.

Unmittelbar nach Kriegsende begannen umfangreiche Säuberungsaktionen, die mit Hilfe der Entnazifizierung zur „Erneuerung des geistig-kulturellen Lebens“ führen sollten. Hierbei wurde die Entnazifizierung bewusst als Mittel des Klassenkampfes eingesetzt, der „Revolution von oben“, die die politischen und gesellschaftlichen Verhältnisse im marxistisch-leninistischen Sinn umfunktionieren sollte. Dieser Erneuerungsprozess umfasste alle Bereiche des gesellschaftspolitischen Lebens, konzentrierte sich jedoch besonders auf die folgenden:

- Gerichtswesen: 80 % aller Richter und Justizbeamten wurden entlassen und durch linientreue Volksrichter bzw. Beamte ersetzt.

vgl. hierzu die Art. 92–95, 98, der Verfassung der DDR

- Schulwesen: Die „demokratische Schulreform“ beseitigte das gegliederte Schulsystem und ersetzte es durch die Einheitsschule, die, straff organisiert und überwacht, zur Keimzelle des „neuen Bewusstseins“ werden sollte. Hierher gehört auch die Herausbildung eines „demokratischen Lehrkörpers“. Im Zuge dieser Maßnahmen wurden ca. 40 000 Lehrer (= 78 % aller Lehrer in der SBZ) entlassen. An ihre Stelle traten Arbeiter und Angestellte, die in Kurzlehrgängen fachlich und vor allem ideologisch ausgebildet wurden.

Unterrichtshilfe für Geschichtslehrer der 10. Klasse, 1971: „Der Unterricht soll zu klaren, parteilichen Entscheidungen der Schüler beitragen.“ (zit. nach Schmid, a. a. O., S. 221, Q. 74)

- Gleichschaltung des kulturellen Lebens: Die Gleichschaltung von Theater, Kinos, Rundfunk, Zeitungen, Fernsehen und der Literatur sowie die Betonung des Marxismus-Leninismus als einziger Wissenschaft schlossen die Veränderungen im geistig-kulturellen Bereich bis zum Ende der vierziger Jahre ab.

Zur Entstehung der DDR s. S. 75ff.

Info 259, S. 26 ff.

3 Der Beginn des politischen Lebens in den Westzonen

Aufbau von unten nach oben; differenziertes Parteiensystem; vorstaatliche Grundrechte; gesellschaftlicher Pluralismus

In den ersten Jahren nach Kriegsende (bis 1948) existierte keine einheitliche Deutschlandpolitik der Westmächte. Zwar war man sich einig über die staatlich-gesellschaftlichen Grundprinzipien des zu errichtenden Staates, doch waren die Wege zur Erreichung dieses Ziels und vor allem das Tempo ihrer Durchführung zu unterschiedlich. Während für die USA die Bestrafung des nationalsozialistischen Deutschlands dominierte, verließ die britische Regierung Attlee die Konzeption Churchills und verhielt sich – auch aufgrund spezifisch britischer Probleme – in ihrer Deutschlandpolitik abwartend.

Neben wirtschaftlichen vor allem außenpolitische Probleme, z. B. Unabhängigkeit Indiens 1947, Entstehung Israels (bisher britisches Mandat) bzw. des israelisch-arabischen Konflikts

Frankreichs Haltung schließlich wurde bestimmt von einem ausgeprägten Sicherheitsdenken gegenüber dem „Erbfeind“, das ausschlaggebend war für die rigorose Besatzungspolitik in der französischen Zone. Aus diesen Gründen verlief der Aufbau des politischen Lebens, die Etablierung einer deutschen Selbstverwaltung in den drei westlichen Zonen auf Landesebene in verschiedener Form und in unterschiedlichem Tempo.

Zudem war de Gaulle nicht zur Konferenz von Potsdam hinzugezogen worden, weshalb Frankreich die Potsdamer Beschlüsse von vorneherein als nicht verbindlich ansah.

3.1 Die amerikanische Zone

Vogelsang a. a. O., S. 58–61

Politische Zielvorstellungen:

- Endgültige Ausschaltung Deutschlands als gefährlicher Machtfaktor durch wirtschaftliche Schwächung. Noch im März 1946 stimmten die USA einem Beschluss des Alliierten Kontrollrates zu, der für das wirtschaftliche Wachstum Deutschlands relativ niedrige Produktionshöchstzahlen erlaubte;
- auf staatlichem Gebiet Demokratie nach amerikanischem Vorbild, also ein Bundesstaat mit starker Betonung des föderativen Elements durch Stärkung der Regierungsgewalt auf Länderebene;
- seit Mitte 1946 setzte sich eine realistischere Einschätzung der SU durch. Damit wurde die Funktion Deutschlands als Prellbock gegen den Kommunismus außenpolitisch vorrangig.

Beschluss vom 26. März 1946:
Pkw: 40 000/Jahr (1950: 219 000; 1966: 2,5 Mio.)
Rohstahl: 5,8 Mio. t/Jahr (1966: 35,5)
(Schmid, a. a. O., S. 182, T. 3 b)

Rede des amerikanischen Außenministers Byrnes am 6. September 1946 in Stuttgart, s. S. 46

Entwicklung:

- Verglichen mit der britischen und v. a. der französischen Zone rasche Entwicklung, begünstigt durch eine weitest gehende Erhaltung der territorialen Vorkriegsverhältnisse und großflächiger Lösungen insgesamt;

- Juli 1945: Einsetzung des bayerischen Ministerpräsidenten Fritz Schäffer;
- Konstituierung der Länder Bayern, Württemberg-Baden, Hessen, denen am 21. Januar 1947 das Land Bremen als Enklave (Einfuhrhafen für die US-Streitkräfte) folgte; *19. September 1945*
- Zusammenfassung der Ministerpräsidenten der drei Länder zu einem „Länderrat des amerikanischen Besatzungsgebiets" mit Sitz in Stuttgart. Aufgabe: Lösung aller Fragen, die über das Gebiet eines der beteiligten Länder hinausgehen; *17. Oktober 1945*
- Beginn der Arbeit des Länderrats; *6. November 1945*
- die Gemeinden und Kreise erhalten Selbstverwaltungsrechte; *15. November 1945*
- Regelung der Befugnisse der deutschen Zivilverwaltung und der „zwischenstaatlichen Zusammenarbeit" der Länder der US-Zone;
- erste freie Wahlen (Gemeinderatswahlen) in Deutschland seit 1933; *26. Dezember 1945*
- Landtagswahlen. *Januar 1946 bis November 1946*

3.2 Die britische Zone

Politische Zielvorstellungen:

Vogelsang, a.a.O., S. 61–64

- Föderalistischer Staat mit einheitsstaatlicher Tendenz nach britischem Vorbild;
- soweit möglich Rückgriff auf die historische Entstehung der Länder;
- Steigerung und Förderung der deutschen Industrie im europäischen Interesse.

Entwicklung:

- Zögerlicher Neuaufbau. Die Gründe hierfür waren einmal die sehr unterschiedliche wirtschaftliche Struktur der Zone (überwiegend agrarisch im Norden und Osten, industriell im Westen) und die beiden spezifischen Problembereiche Preußen und Ruhrgebiet.
  Im ersten Falle ging es um die Frage der territorialen Zerstückelung des deutschen Kernstaates, im zweiten um die Frage, ob die „Waffenschmiede Deutschlands" in *ein* Bundesland integriert werden solle;
- deshalb zunächst Betonung der örtlichen Verwaltungsbereiche (local government);
- die Bildung des Zonenbeirats mit seinem Sitz in Hamburg, der beim Aufbau der Länder und der Schaffung einer deutschen Verwaltung in der Zone beratende Funktion hat; *15. Februar 1946*

Frühjahr 1946

- Schaffung einer zentralen Verwaltung und zentraler Zonenämter (vergleichbar mit Ministerien), die als echte Hilfsorgane unter deutscher Leitung fungieren;

18. Juli 1946

- Die Militärregierung ordnet die Bildung des Landes Nordrhein-Westfalen an und verhindert dadruch die Ansprüche der SU und Frankreichs auf das Ruhrgebiet.

23. August 1946

- Konstituierung der Länder Nordrhein-Westfalen, Schleswig-Holstein, Hamburg und Hannover, das am 1.11.1946 mit Braunschweig, Oldenburg und Schaumburg-Lippe zum Land Niedersachsen zusammengeschlossen wird.

25. Februar 1947

- Offizielle Auflösung Preußens durch das Gesetz Nr. 46.

3.3 Die französische Zone

Vogelsang, S. 52–54

Politische Zielvorstellungen:

Französische Forderung, erhoben auf der Pariser Konferenz von 1946

- Dauerhafte Schwächung Deutschlands durch Abtrennung der Wirtschaftszentren an Rhein und Ruhr;
- Schaffung eines deutschen Staatenbundes mit völlig souveränen Gliedstaaten und begrenzten Befugnissen der Bundesorgane;
- Ausnützung der Wirtschaftskraft des Saarlandes.

Entwicklung:

- Zentralistische Verwaltung der Zone ohne Mitwirkung überregionaler deutscher Stellen;
- langsame Bildung kleinerer Verwaltungseinheiten, die jedoch streng überwacht und kontrolliert werden;

30. August 1946

- Konstituierung des Landes Rheinland-Pfalz (ehemals bayrische Pfalz und angrenzende hessische und ehemals preußische Gebiete);

Reaktion auf die Konstituierung des Landes Nordrhein-Westfalen (Scheitern der französischen Ruhransprüche)

- bis November 1947 Bildung weiterer Länder: Baden, Württemberg-Hohenzollern. Das Saarland erhält einen Sonderstatus durch die wirtschaftliche Angliederung an Frankreich (Franc als Währung, Zollgrenzen zum übrigen Deutschland);
- aus den Länderverwaltungen entstehen langsam Länderregierungen, die beratende Funktion haben;
- über den Länderregierungen existieren nur sehr schwache deutsche Zentralinstitutionen, die so genannten „Hilfsbüros", die reine Verwaltungsdirektorien sind und allein von Frankreich besetzt werden.

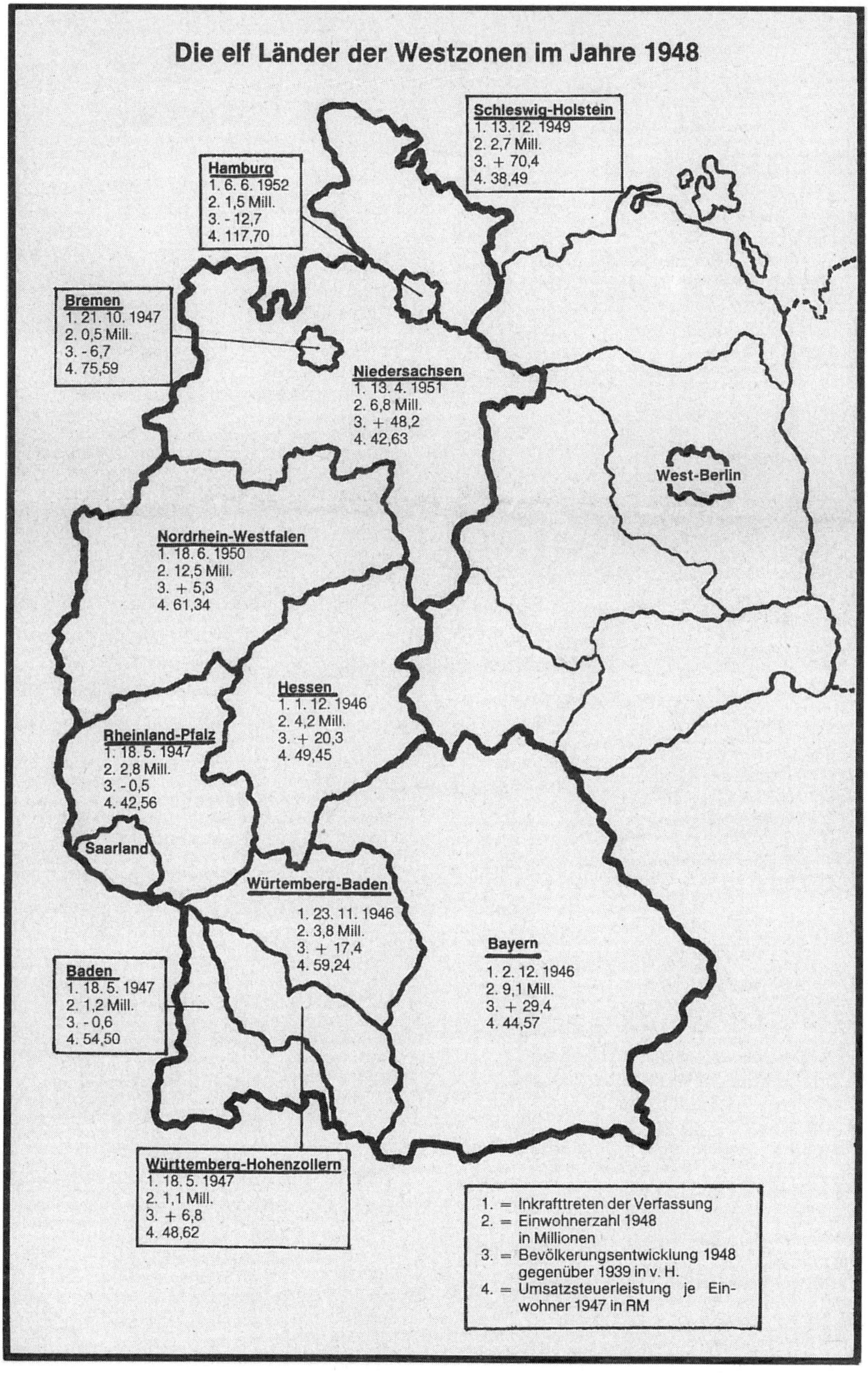
Die elf Länder der Westzonen im Jahre 1948
Schleswig-Holstein
1. 13. 12. 1949
2. 2,7 Mill.
3. + 70,4
4. 38,49
Hamburg
1. 6. 6. 1952
2. 1,5 Mill.
3. - 12,7
4. 117,70
Bremen
1. 21. 10. 1947
2. 0,5 Mill.
3. - 6,7
4. 75,59
Niedersachsen
1. 13. 4. 1951
2. 6,8 Mill.
3. + 48,2
4. 42,63
West-Berlin
Nordrhein-Westfalen
1. 18. 6. 1950
2. 12,5 Mill.
3. + 5,3
4. 61,34
Hessen
1. 1. 12. 1946
2. 4,2 Mill.
3. + 20,3
4. 49,45
Rheinland-Pfalz
1. 18. 5. 1947
2. 2,8 Mill.
3. - 0,5
4. 42,56
Saarland
Würtemberg-Baden
1. 23. 11. 1946
2. 3,8 Mill.
3. + 17,4
4. 59,24
Bayern
1. 2. 12. 1946
2. 9,1 Mill.
3. + 29,4
4. 44,57
Baden
1. 18. 5. 1947
2. 1,2 Mill.
3. - 0,6
4. 54,50
Württemberg-Hohenzollern
1. 18. 5. 1947
2. 1,1 Mill.
3. + 6,8
4. 48,62
1. = Inkrafttreten der Verfassung
2. = Einwohnerzahl 1948 in Millionen
3. = Bevölkerungsentwicklung 1948 gegenüber 1939 in v. H.
4. = Umsatzsteuerleistung je Einwohner 1947 in RM

4 Die Herausbildung eines differenzierten Parteiensystems in den Westzonen

4.1 Die Ausgangslage

Info 224, S. 16ff.
Vogelsang, a. a. O., S. 52ff.

Da Frankreich ein einheitliches Deutschland strikt ablehnte, blockierte es im Kontrollrat deutsche Staatssekretariate und die „Reichszentralen“ der im Juni/Juli 1945 in der SBZ zugelassenen Parteien SPD, KPD, CDUD, LDPD.

Trotz der in Potsdam beschlossenen gemeinsamen Ziele brachten die Alliierten auch in diesem Bereich keine einheitliche Viermächtepolitik zustande. Hierfür gab es mehrere Gründe:

- Die Haltung Frankreichs, das – an der Konferenz in Potsdam nicht beteiligt – nun im Kontrollrat gegen alle Maßnahmen stimmte, die ein einheitliches Deutschland zum Ziel hatten;
- ideologische und machtpolitische Differenzen zwischen Ost und West, die ihren Ausdruck in der völlig konträren Auslegung elementarer Begriffe fanden (z. B. Demokratie).

Noch Ende April 1945 hatte das US-Oberkommando jede politische Betätigung in Deutschland strikt untersagt. Im Herbst 1945 reagierte man auf das rasche Vorgehen der SU und ließ am 20. September Parteien in der amerikanischen Zone offiziell zu.

Als Folge dieser Entwicklung gingen die Militärgouverneure der vier Zonen schon wenige Wochen nach Potsdam dazu über, das Abkommen auch in diesem Punkt nach eigenem Ermessen durchzuführen. Hierbei zwang die forcierte Entwicklung in der SBZ die westlichen Besatzungsmächte, vor allem die britische und die amerikanische, ihre diesbezüglichen Absichten schneller als geplant in die Tat umzusetzen. Zuerst entstanden in der amerikanischen Zone die formalen Voraussetzungen für die offizielle Zulassung von Parteien. Seit Ende August 1945 erlaubten die Amerikaner Parteigründungen auf Kreisebene, seit November auf Länderebene und im Frühjahr 1946 auf Zonenebene.

Bereits am 6. August 1945 erklärte Montgomery, die britische Militärregierung stimme der Bildung freier Gewerkschaften und demokratischer Parteien zu (Vogelsang, a. a. O., S. 62).
Schon am 5. Februar 1946 existierte die CDU als gesamtzonale Partei. Daraus ergab sich u. a. der Führungsanspruch Konrad Adenauers in den Westzonen bzw. der Trizone.

Im Gegensatz zu diesem Vorgehen neigten die Briten, die parteipolitische Aktivitäten noch vor den Amerikanern tolerierten, dazu, die rasche Einrichtung zonaler Parteizentren besonders zu fördern. Diese Maßnahme hatte nachhaltige Folgen für das parteipolitische Leben in ganz Deutschland, da dadurch die Parteien der britischen Zone relativ früh im großen Rahmen organisiert und geleitet wurden. Daraus ergab sich ihre führende Rolle in den Westzonen.
Am langsamsten ging die Entwicklung in der französischen Zone voran. Dort wurden die rechtlichen Grundlagen für die Lizenzierung von Parteien erst gegen Ende des Jahres 1946 geschaffen. Parteipolitische Kontakte über die

Zone hinaus wurden ebenso verboten wie die Gründung einer überzonalen Partei. Der Name „Deutschland“ durfte in Baden z.B. nicht im Parteinamen vorkommen.
Wichtig ist jedoch auch, dass das In-Kraft-Treten der ausschlaggebenden Bestimmungen keineswegs den Beginn des parteipolitischen Lebens bedeutet. Bereits seit Ende des Krieges war es zur Sammlung von politisch Gleichgesinnten und zu ersten illegalen Parteigründungen auf lokaler Ebene gekommen. Diese ersten Parteigründungen wurden von den Alliierten in der Regel toleriert, sofern sie einer eingehenden Überprüfung standhielten. Die frühen politischen Sammelbewegungen hatten ihre Ursache in der allgemeinen Erkenntnis, dass die Zersplitterung der Parteien und deren mangelnde Solidarität zum Untergang der Weimarer Republik wesentlich beigetragen hatten. Deshalb glaubte man, dass Sammlungen in der politischen Mitte erfolgen müssten. Konsequenterweise schlossen sich Katholiken und Protestanten in einer Partei zusammen, vereinigten sich gewerkschaftlich interessierte Gruppen mit der SPD und fanden sich liberale Gruppen mit dem Ziel zusammen, Aufspaltungen liberaler Parteien wie im 19. Jahrhundert zu verhindern. Insgesamt wurde durch diese Entwicklungen die Parteienlandschaft im Vergleich zu Weimar kleiner, die größeren der neu gegründeten Parteien waren jedoch wesentlich stabiler.

Das reine Verhältniswahlrecht und fehlende Hürden (vgl. heutige Wahlen) führten dazu, dass zwischen 1919 und 1933 folgende Parteien im Reichstag vertreten waren (ohne Splitterparteien): USPD, KPD, SPD, Zentrum, BVP, DDP, DVP, DNVP, NSDAP (seit 1924), s. Grafik S. 43

Am Ende dieser Entwicklungsphase wiesen die Parteiensysteme der drei Westzonen sehr ähnliche Strukturen auf. Gemeinsam war allen ein fester Kern von vier Parteien, wenn auch in der französischen Zone spezifische Parteinamen existierten. Hinzu kam in der britischen Zone noch das „Zentrum“ und die „Niedersächsische Landespartei“, in der amerikanischen die „Wirtschaftliche Aufbau-Vereinigung“ und die „Bayernpartei“. Sie gingen im Verlauf der zweiten und dritten Legislaturperiode ausnahmslos in den großen Parteien auf.

SPD, KPD, Unionsparteien, FDP

4.2 Schwierigkeiten und Probleme

- Das Misstrauen der Alliierten gegenüber allen Zusammenschlüssen irgendwelcher Art konnte nur langsam überwunden werden;
- Großbritannien und die USA wünschten ein Zwei-Parteiensystem nach heimischem Vorbild und passten ihre Vorstellungen nur zögernd und widerwillig den deutschen Gegebenheiten an;
- in den ersten Jahren des politischen Lebens nach 1945

Historisch gewachsenes Mehrparteiensystem; religiöse, soziale, politische und regional bedingte Interessenvielfalt standen nur wenige erfahrene Politiker zur Verfügung, die von dem Entnazifizierungsverfahren nicht betroffen und von ihrer Vergangenheit her unbelastet waren.

4.3 Allgemeine Zielsetzungen

Die Diskussion innerhalb der deutschen Bevölkerung, an der sich neben Politikern der Weimarer Zeit, Gegnern der Nazi-Herrschaft und den Vertriebenen vor allem die jüngere Generation stark beteiligte, ging vor allem um die Gestaltung des künftigen gesellschaftspolitischen Lebens und um die staatliche Eigenentwicklung Deutschlands. Sie wurde im Wesentlichen von zwei Faktoren bestimmt:

Schwächen der Weimarer Verfassung; Errichtung der NS-Diktatur; Gleichschaltung des gesamten Lebens; Verbrechen und Gräueltaten des 3. Reichs.

- Von den konkreten Ereignissen der letzten drei Jahrzehnte;
- von dem Streben nach völliger politischer, geistiger und moralischer Erneuerung.

Daraus ergaben sich als wesentliche Zielsetzungen

- die möglichst rasche Bildung von demokratisch orientierten politischen Gruppierungen, die auf die Besatzungsmächte bei der künftigen Gestaltung Deutschlands Einfluss nehmen konnten;
- Abwehr einer Radikalisierung durch die Etablierung demokratischer Parteien und die Durchsetzung ihrer staatlichen und verfassungsrechtlichen Vorstellungen.

4.4 Die Sozialdemokratische Partei Deutschlands (SPD)

Info 256, S. 12 f.

Die Gründung:

19. April 1945

- Wenige Tage nach der Besetzung Hannovers beschließen Dr. Kurt Schumacher und eine Reihe von anderen Sozialdemokraten die Gründung der SPD;

6. Mai 1945

- auf der Gründungsversammlung des Ortsvereins Hannover werden die Grundlagen des demokratischen Sozialismus festgelegt;

August 1945

- wenige Wochen nach Kriegsende entstehen die ersten Landesverbände;
- der vergleichsweise rasche Neubeginn der SPD ist auf die lange Tradition der Partei zurückzuführen, die auch durch das 3. Reich nicht völlig unterbrochen wurde;
- zunächst bestanden Tendenzen, sich aufgrund der gemeinsam erlittenen Verfolgung im 3. Reich mit den in allen Zonen zugelassenen Kommunisten zusammenzuschließen;

- als erklärter Gegner derartiger Pläne vereitelte Schumacher den Zusammenschluss mit der Begründung, die relativ schwache KPD wolle lediglich die sozialdemokratische Organisation für ihre Zwecke ausnützen;
- Integration des Londoner Exil-Vorstandes, vertreten durch Erich Ollenhauer.

Das Selbstverständnis der Partei:
Die SPD wandelte sich von der Klassenpartei zur Volkspartei durch
- Aufgabe der starren politischen Konzeption in weltanschaulichen Fragen,
- deutliches Absetzen von den Kommunisten,
- bei gleichzeitiger Betonung eines demokratischen Sozialismus.

Zielsetzungen:
- Übernahme der politischen Führung in Deutschland;
- Verknüpfung von demokratischer Freiheit nach innen mit nationaler Souveränität nach außen;
- Westorientierung, jedoch Ablehnung einer Westintegration, da sie, ebenso wie die militärische Wiederbewaffnung, die Wiedervereinigung be- bzw. verhindern würde;
- eine Wirtschaftsordnung, die durch globale Steuerung der Wirtschaft durch Staat und Gesellschaft, v.a. gegenüber den Großunternehmern bestimmt sein sollte;
- Schaffung eines Einheitsstaates; Ablehnung eines lockeren Bundes von Einzelstaaten.

Programmpunkte der SPD in der britischen Zone vom Mai 1946: Sammlung aller demokratischen Kräfte Deutschlands im Zeichen des Sozialismus; Änderung der politischen und ökonomischen Machtverhältnisse; Vergesellschaftung der Produktionsmittel; grundlegende Agrar- und Bodenreform; Enteignung der Großgrundbesitzer

4.5 Die Christlich-Demokratische Union (CDU)

Info 256, S. 11

Gründung:
- Unmittelbar nach Kriegsende Gründung in Köln (17. Juni 45), Bekenntnis der Gründungsväter zum demokratischen Staat, der christlich, deutsch und sozial sein soll;
- Gründung von christlichen Volksparteien in allen vier Besatzungszonen auf Orts- und Landesebene;
- allmähliches Zusammenfinden von Katholiken und Protestanten. Ziel: überkonfessionelle Partei;
- Einigung auf den Namen „Christlich-Demokratische Union" für alle christlichen Volksparteien (Ausnahme: Bayern);
- Ahlener Programm der CDU der britischen Zone mit starken sozialistischen Tendenzen im Bereich der Wirtschaft;

Gründer:
Leo Schwering (Köln)
Karl Arnold (Düsseldorf)
Lambert Lensing (Dortmund)
Jakob Kaiser (Berlin)

Dezember 1945

1. Februar 1947: Vergesellschaftung der Montanindustrie; behördliche Kontrolle von Großbetrieben, Mitwirkung von Arbeitern in Aufsichtsorganen; Kartellgesetze

- erhebliche Gegensätze innerhalb der Partei:
  a) christlicher Sozialismus (Schwerpunkt Berlin); späteres Aufgehen in den Sozialausschüssen
  b) konservativ-liberale Richtung (Norddeutschland)
  c) konservative Richtung (Adenauer)

Das Selbstverständnis der Partei:

Programm der CDU der britischen Zone, 1948: „An die Stelle der materialistischen muss wieder die christliche Weltanschauung treten... Sie allein gewährleistet Recht, Ordnung und Maß, Würde und Freiheit der Person..." (zit. nach Schmid, Bd. 4, a.a.O., S. 159, Q. 10)

Die CDU sieht sich seit der Festlegung einer einheitlichen politischen Linie als
- religiös orientierte Volkspartei
- mit konservativer Grundhaltung, was vor allem
  a) die Absage an frühere sozialistische Tendenzen
  b) sowie die Entscheidung für eine freie Marktwirtschaft beinhaltet;
- Trägerin einer christlich-humanistischen Weltanschauung, deren Grundlagen in das politische Leben eingebracht werden sollen.

Zielsetzungen:

Maxime: In freier Konkurrenz soll die bessere Leistung belohnt werden.

Ablehnung einer „Schaukelpolitik" zwischen den Siegermächten durch Adenauer

- Die politische Führung in einem zu schaffenden Deutschland;
- die freie Marktwirtschaft; entschiedene Ablehnung jeglicher planwirtschaftlicher Tendenzen;
- Vorrang der staatlichen Souveränität gegenüber der Wiedervereinigung, die durch
- strikte Westintegration erreicht werden soll, was einen militärischen Beitrag innerhalb eines westlichen Bündnisses und damit Wiederaufrüstung einschließt;
- die Wiedervereinigung soll mit Hilfe der Westmächte aus einer „Politik der Stärke" heraus (Adenauer) erreicht werden;
- Deutschland als Bundesstaat.

Info 256, S. 11f.

4.6 Die Christlich-Soziale Union (CSU)

Gründung:

Ehemaliger christlicher Gewerkschafter, Reichsminister des Zentrums

- Gründung der Partei durch Adam Stegerwald in Würzburg wenige Wochen nach Kriegsende;
- bald danach, auch bedingt durch den frühen Tod des Gründers, Schwerpunktverlagerung nach München;
- Dezember 1945: die CSU wird zur Landespartei, erster Vorsitzender: Josef Müller („Ochsen-Sepp").

Selbstverständnis und Ziele:

Bereits in der Anfangsphase der Weimarer Republik bildete sich durch Abspaltung von der Zentrumspartei die landeseigene Bayerische Volkspartei (BVP).

- Die Partei soll nach dem Willen ihres Gründers eine „Brückenbau-Partei" sein, die eine Verbindung herstellt zwischen Stadt und Land, Katholiken und Protestanten, christlich-kulturellen und sozialen Prinzipien;

- sie sieht sich als eigenständige christliche Volkspartei in Bayern;
- sie tritt entschieden für einen föderalistischen deutschen Staat ein, in dem sich Bayern seine Eigenstaatlichkeit erhalten kann.

4.7 Die Freie Demokratische Partei (FDP)

Info 256, S. 12

Gründung:
- Unmittelbar nach Kriegsende spontaner Zusammenschluss liberal Gesinnter zu lokalen Gruppen;
- allmählich Zusammenschluss zu Landes- und Zonenverbänden, zuerst in der SBZ, dann in der britischen und amerikanischen Zone;
- Konstituierung als FDP auf dem Heppenheimer Parteitag 1948. Erster Vorsitzender: Theodor Heuss.

Berlin: Liberaldemokratische Partei (LDP); Württemberg: Deutsche Volkspartei; Bayern: Freie Demokratische Partei

Selbstverständnis und Ziele:
- Fortführung der liberalen Tradition der Deutschen Demokratischen Partei (DDP) und der Deutschen Volkspartei (DVP). Besonders werden betont:
  a) weltbürgerliche Tendenzen;
  b) Forderung nach den „Vereinigten Staaten von Europa" im Verband der „Vereinigten Staaten der Erde";
- auf dem Wirtschaftssektor setzt sich schließlich der württembergische Liberalismus (freies Spiel der gesellschaftlichen und wirtschaftlichen Kräfte) gegen eine in Nordrhein-Westfalen bevorzugte zentralistische Wirtschaftsplanung durch;
- Rückbesinnung auf traditionelle liberale Wertbegriffe wie Freiheit, Menschenwürde, Nation.

Programmpunkte der FDP der britischen Zone vom 4. Februar 1946: „Freie Initiative des Unternehmers unter Abbau der Wirtschaftsbürokratie; Recht der Kleinen in der Wirtschaft und das Recht der Mitarbeiter in großen und kleinen Betrieben sichern; weder Klassenstaat noch Obrigkeitsstaat; der marxistische Sozialismus führt zu einem totalitären Staat" (Schmid, Bd. 4, a. a. O., S. 159, Q. 13)

4.8 Die Kommunistische Partei Deutschlands (KPD)

- Zulassung für alle Zonen am 10. Juni 1945;
- Verkündigung erster Richtlinien am folgenden Tag:
  a) Enteignung der Nationalsozialisten und Großgrundbesitzer;
  b) Verstaatlichung lebenswichtiger Versorgungsbetriebe;
  c) parlamentarische Demokratie, Ablehnung des Sowjetsystems für Deutschland;
- das Zentralkomitee der KPD fordert die Führung aller kommunistischer Gruppierungen in Deutschland. Die Westmächte lehnen diesen Anspruch mit der Begründung ab, es sei falsch, Deutschland das Sowjetsystem aufzuzwingen, denn es entspreche nicht den gegenwärtigen Entwicklungsbedingungen.

s. S. 28

4.9 Kleinere Parteien

Das Zentrum (Z)

- Die 1945 neu gegründete Partei bleibt auf Nordrhein-Westfalen beschränkt;
- die Partei existiert nur vorübergehend;
- ihre Mitglieder gehen in den folgenden Jahren fast ausschließlich zur CDU über.

Seit Juni 1947 „Deutsche Partei"; sie ist in den Regierungskoalitionen von 1949, 1953 und 1957 vertreten.

Die Niedersächsische Landespartei (NLP)

- Sie entsteht aus der Tradition der „Welfenpartei";
- Charakteristika: konservativ, föderalistisch, antigewerkschaftlich.

Die Bayernpartei (BP)

- Sie bleibt auf Bayern beschränkt;
- sie integriert die von der Besatzungsmacht nicht genehmigte „Bayerische Heimat- und Königspartei";
- ihr wesentliches Ziel ist ein souveränes Bayern, weshalb sie extrem partikularistisch ist.

Die Wirtschaftliche Aufbauvereinigung (WAV)

- Sie etabliert sich als Vertretung der Flüchtlinge und der Heimatvertriebenen;
- sie bleibt auf Bayern beschränkt.

Vertreten in der Regierungskoalition von 1953

Der Bund der Heimatvertriebenen und Entrechteten (BHE)

- Regionale Gruppierungen zur Vertretung der Interessen von Flüchtlingen und Heimatvertriebenen;
- politische Heimat für die durch die Entnazifizierung Enttäuschten und Verbitterten.

Rechtsgruppierungen

- Die Deutsche Reichspartei (DRP): sehr konservativ und national;
- die Sozialistische Reichspartei (SRP): sie wird 1952 als Nachfolgeorganisation der NSDAP verboten;
- alle Rechtsparteien bzw. Rechtsgruppierungen erreichen auf Dauer keine Bedeutung;
- in den 60er Jahren erlangte die Nationaldemokratische Partei Deutschlands (NPD) eine gewisse Bedeutung, die jedoch zu Beginn der siebziger Jahre stark schwand.

Wesentlicher Grund: Einführung der 5 %-Klausel 1953

Landtagswahlen:
(Ergebnisse der NPD):
Hessen 1966: 7,9 %
Bayern 1966: 7,4 %

5 Parteienentwicklung seit 1949

- Zunächst Gefahr eines Vielparteiensystems;
- Konzentrationsbewegung zwischen 1953 und 1961 (Sperrklauseln, s. S. 66);
- Entwicklung vom „extremen“ zum „gemäßigten“ Pluralismus;
- bis 1980 bestimmten SPD, FDP und CDU/CSU den Bundestag;
- seitdem haben sich als wichtige Faktoren des politischen Lebens 1980 Die Grünen (seit 1993: Bündnis 90/Die Grünen) und 1990 die Partei des Demokratischen Sozialismus (PDS) etabliert.

Im 1. Bundestag sind 11 Parteien vertreten; 2. Bundestag: 6 Parteien; 3. Bundestag (1957–1961): 4 (neben den großen drei Parteien noch die DP)

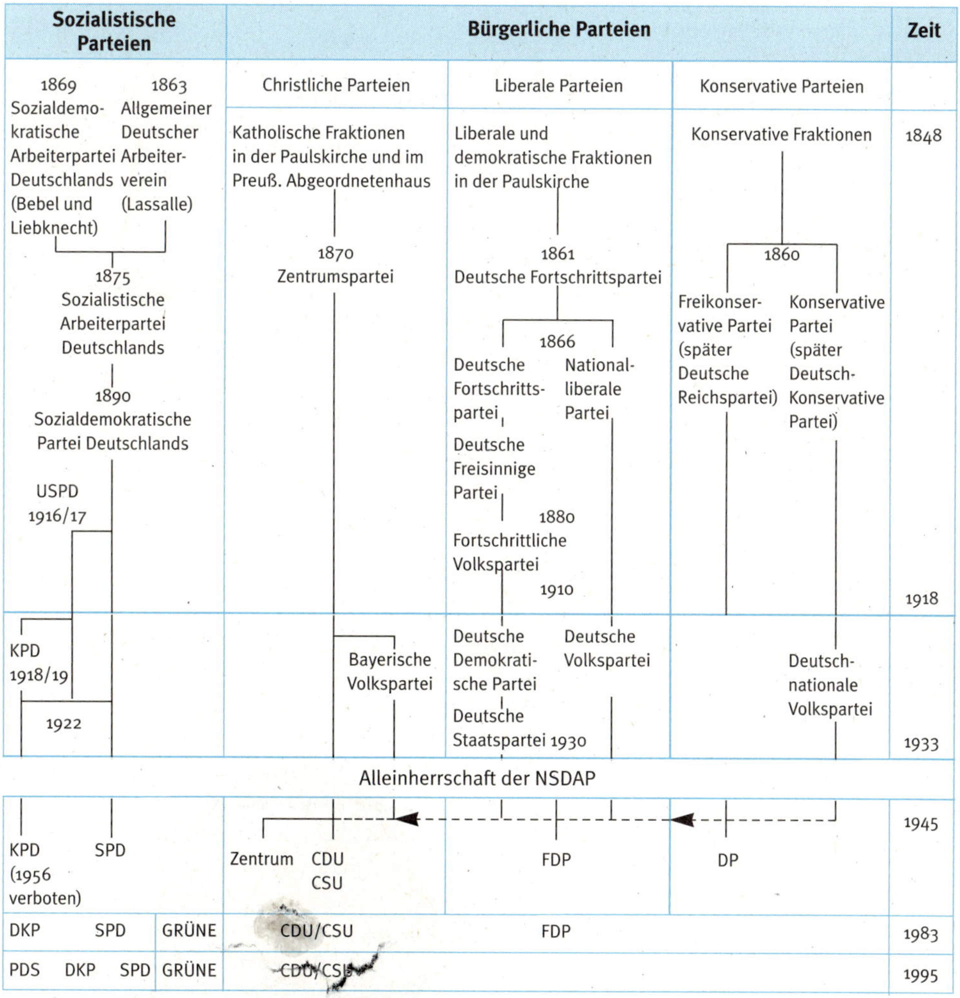

Die Entwicklung der deutschen Parteien
nach: Schmid, Bd. 3, S. 273

4 Der Ost-West-Konflikt als Rahmen der Deutschlandpolitik 1945–1949

1 Die deutschlandpolitischen Konzepte der Besatzungsmächte

z. B. „demokratische" Entwicklung; Status des Ruhrgebiets; Entnahme der Reparationen

Die politische Zukunft Deutschlands war in den Jahren 1945/46 noch nicht entschieden. Zwar waren die unterschiedlichen Konzepte der Siegermächte in einzelnen Bereichen bereits angelegt und grundsätzliche ideologische und machtpolitische Gegensätze offensichtlich, doch hatten sich ihre langfristigen deutschlandpolitischen Ziele noch nicht so ausgebildet und verfestigt, dass die Entwicklung Deutschlands in eine bestimmte Richtung schon entschieden gewesen wäre.

Er wird deutlich während der Pariser Außenministerkonferenz (April–Juli 1946), durch die Schaffung der Bizone (vereinbart am 4. September 1946) und die Byrnes-Rede (6. September 1946).

Erst mit dem wachsenden Gegensatz zwischen Ost und West seit Sommer 1946 nahm die Zukunft Deutschlands konkrete Formen an. Die endgültige Entscheidung fiel mit der von den USA betriebenen „Weststaatslösung" und der daraufhin von der SU verschärften Spaltung.

Beide Maßnahmen machen das Ende der gemeinsamen Deutschlandpolitik deutlich, die nun in eine östliche und westliche zerfiel und von dem wachsenden Gegensatz der Führungsmächte bestimmt wurde.

Loth, a. a. O., S. 99ff., Info 259, S. 31f.

1.1 Die Grundzüge der amerikanischen Deutschlandpolitik

*„Die Idee, Deutschland gemeinsam mit den Russen regieren zu wollen, ist ein Wahn...
Besser ein zerstückeltes Deutschland, von dem wenigstens der westliche Teil als Prellbock gegen die Kräfte des Totalitarismus wirkt, als ein geeintes Deutschland, das diese Kräfte wieder bis zur Nordsee vorlässt." (G. Kennan, Berater des amerikanischen Außenministers, Sommer 1945; zit. nach Schmid, a. a. O., S. 184, Q. 9)*

- Mit dem Amtsantritt Harry S. Trumans änderte sich das amerikanische Verhältnis zur SU und damit auch die Europa- und Deutschlandpolitik der USA;
- schon ein Jahr nach Kriegsende wichen die USA von dem (Potsdamer) Prinzip der „strikten Niederhaltung" Deutschlands ab und betrieben statt dessen den Aufbau bzw. den Zusammenschluss der westlichen Zonen;
- Ausgangspunkt und Ziel dieser neuen Deutschlandpolitik, die von Großbritannien zögernd, von Frankreich ablehnend aufgenommen wurde, war das Bestreben, Deutschland als Ganzes oder wenigstens die Westzonen in den westlichen Machtbereich zu integrieren;
- die Spaltung Deutschlands, die als Ergebnis dieser neuen amerikanischen Deutschlandpolitik klar zu er-

kennen war, wurde als Preis für die Westintegration des größeren Teils Deutschlands in Kauf genommen;
- die Rolle, die Westdeutschland in der amerikanischen Sicherheitspolitik zugedacht war, führte in den folgenden Jahren zu einer energischen Unterstützung der Deutschlandpolitik Adenauers durch die USA.

1.2 Die Bedingungsfaktoren der sowjetischen Deutschlandpolitik

Loth, a.a.O., S. 49ff.
Info 189, S. 4ff.

- Die Deutschlandpolitik Stalins war der sowjetischen Sicherheitspolitik untergeordnet. Ihr Ziel war es, den sowjetischen Machtbereich durch die Schaffung eines Schutzgürtels gegenüber der westlichen Einflusssphäre abzuschirmen. Dieses Ziel sollte durch drei Maßnahmen erreicht werden:
  a) durch direkte Annexionen (Baltikum);
  b) durch einen strukturell der SU angeglichenen „volksdemokratischen" Gürtel (Polen, Rumänien, Bulgarien);
  c) durch eine Pufferzone zwischen Kapitalismus und Sozialismus, die von der Ostsee bis zur Adria reichen sollte (SBZ, CSSR, Ungarn, Jugoslawien).
- Die Verwirklichung dieses Konzepts setzte die dauernde Niederhaltung Deutschlands voraus;
- als es aufgrund der amerikanischen containment-Strategie gefährdet erschien, erweiterte Stalin den „volksdemokratischen" Gürtel durch die Einbeziehung der westlichen Satellitenstaaten, darunter der sowjetischen Besatzungszone, und durch die Sowjetisierung ganz Mittel- und Osteuropas.

Wesentliche Elemente der in Mittel- und Osteuropa betriebenen Sicherheitspolitik:
Erweiterung des sowjetischen Territoriums; Bereinigung der Minoritätenprobleme durch Umsiedlung; Schwächung der antikommunistischen Kräfte durch Bodenreform und Kollektivierung; Schaffung antifaschistischer Massenorganisationen; Einbindung der Parteien in eine Einheitsfront mit den Kommunisten; Abschluss bilateraler Freundschafts- und Beistandspakte mit der SU.

s. S. 85

2 Von der Pariser Außenministerkonferenz bis zu den Londoner Empfehlungen

April 1946–Juni 1948

2.1 Die Pariser Außenministerkonferenz

25. April–12. Juli 1946
Vogelsang, a.a.O., S. 32–34

Sie machte die konträren Vorstellungen und die unüberbrückbaren Gegensätze deutlich und führte zur Erkenntnis, dass die Chancen für die Lösung des Deutschlandproblems äußerst gering einzuschätzen waren.
Den amerikanischen Plan, Deutschland föderativ aufzubauen, beantwortete der sowjetische Außenminister Molotow mit dem Vorschlag, statt dessen einen zentralistischen Einheitsstaat zu errichten und ihn nach sowjetischem Vorbild zu „demokratisieren". Daran und an wei-

Entnahme der Reparationen; Viermächteverwaltung des Ruhrgebiets

teren Streitpunkten scheiterte die Konferenz. Der amerikanische Außenminister Byrnes kündigte eine Antwort „an anderer Stelle" an.

6. September 1946

2.2 Die Stuttgarter Rede des amerikanischen Außenministers Byrnes

Vogelsang, a.a.O., S. 35 f.

Text bei Bodensieck I, Nr. 22 und Salzmann, a.a.O., Nr. 10; Info 259, S. 32

Entscheidend war der Passus seiner Rede, der die Schaffung der Bizone auch offiziell ankündigte: „Die Vereinigten Staaten sind der festen Überzeugung, dass Deutschland als Wirtschaftseinheit verwaltet werden muss... Wenn eine völlige Vereinigung nicht erreicht werden kann, werden wir alles tun, was in unseren Kräften steht, um eine größtmögliche Vereinigung zu sichern." (zit. nach Salzmann, a.a.O., Nr. 10)

Als Reaktion auf die Rede bezeichnet Molotow am 17. September die Oder-Neiße-Grenze als endgültig.

Vor den Repräsentanten der amerikanischen Zone leitete Byrnes mit einer programmatischen Rede die Neuorientierung der amerikanischen Außen- und Deutschlandpolitik ein. Die wesentlichen Punkte seiner Rede:

- Bejahung der Potsdamer Beschlüsse bezüglich Entmilitarisierung, Entnazifizierung und wirtschaftlicher Einheit;
- Betonung des provisorischen Charakters der Oder-Neiße-Grenze;
- keine Abtrennung der linksrheinischen Gebiete und des Ruhrgebiets von Deutschland;
- Ablehnung der sowjetischen und der französischen Deutschlandpolitik, da beide nur die einheitliche Entwicklung blockieren wollten;
- Übertragung der „Hauptverantwortung für die Behandlung seiner eigenen Angelegenheiten bei geeigneten Sicherheiten" an Deutschland;
- Bildung einer vorläufigen deutschen Regierung, die aus einem Nationalrat hervorgehen soll (Vertreter der Länderregierungen der vier Zonen);
- Deutschland soll kein Vasall einer Macht werden oder unter einer in- oder ausländischen Diktatur leben.

10. März–24. April 1947

2.3 Die Moskauer Außenministerkonferenz

Info 259, S. 33 f.

Vogelsang, a.a.O., S. 38 ff.

Die Probleme ergaben sich aus der Frage, wie stark die Zentralinstanz sein sollte. Die USA und Großbritannien wollten einen dezentralisierten Bundesstaat, Frankreich lediglich einen losen Staatenbund ohne gemeinsames Parlament. Die SU wandte sich gegen alle Föderalisierungspläne, da sie darin die Gefahr eines wieder erwachenden deutschen Nationalismus sah.

Obwohl die deutsche Frage im Mittelpunkt der Verhandlungen stand, kam es nur in einigen wenigen, zudem völlig untergeordneten Punkten zu Übereinstimmung. Schon in Verfahrensfragen konnte man sich nicht einigen, die deutschlandpolitischen Grundauffassungen der Mächte blieben unverändert. So konzentrierten sich schließlich, ohne dass irgendwelche Fortschritte erzielt wurden, die Auseinandersetzungen auf folgende drei Probleme:

- Die Bildung einer deutschen Zentralinstanz
  Molotow konkretisierte ein Programm:
  a) Bildung zentraler Verwaltungsstellen,
  b) Schaffung einer provisorischen demokratischen Verfassung durch den Kontrollrat unter Mitwirkung eines deutschen Konsultativrats. Dieser sollte nicht nur aus Beauftragten der Länder, sondern

auch aus Beauftragten der Parteien, Gewerkschaften und anderer „antifaschistischer“ Organisationen zusammengesetzt sein,

c) Wahlen, aus denen
d) eine provisorische deutsche Regierung hervorgehen sollte und schließlich
e) Bestätigung der Verfassung durch das Volk.

Vom äußeren Ablauf her deckte sich dieser Plan weitgehend mit den amerikanischen Vorstellungen.

Text bei Salzmann, a. a. O., Nr. 11

Der Teufel steckte jedoch auch hier im Detail: Hauptaufgabe dieser provisorischen Regierung sollte nämlich nach Molotows Vorstellung „die allseitige Demokratisierung Deutschlands“ sein.

- Die Oder-Neiße-Grenze
  Während die angelsächsischen Länder die Oder-Neiße-Grenze nicht anerkannten, vertrat die SU ebenso wie Frankreich die Endgültigkeit dieser Grenze.
- Die Reparationsfrage
  Molotow bezifferte die sowjetischen Forderungen auf 10 Mrd. Dollar, die auch aus dem Ruhrgebiet entnommen werden sollten.

2.4 Die Truman-Doktrin

12. März 1947

In den unmittelbaren Nachkriegsjahren wurde Griechenland von einem erbittert geführten Bürgerkrieg erschüttert, an dem auch die teilweise kommunistisch kontrollierte „Nationale Befreiungsbewegung“ teilnahm.

Die amerikanische Regierung sah darin die Chance, ihre Politik der Eindämmung im Südosten Europas zu verstärken. Im März 1947 erklärte Präsident Truman, dass „die Vereinigten Staaten freien Völkern helfen müssen, die sich wehren gegen den Versuch der Unterjochung durch bewaffnete Minderheiten oder durch Druck von außen“. Die Truman-Doktrin bedeutete massive wirtschaftliche und finanzielle Unterstützung der westlich orientierten politischen Parteien und Gruppen.

„Wir werden unsere Ziele nur verwirklichen können, wenn wir bereit sind, den freien Völkern zu helfen, ihre freiheitlichen Institutionen und ihre nationale Integrität gegen aggressive Bewegungen zu schützen, die ihnen totalitäre Regime aufzwingen wollen. Totalitäre Regime untergraben dadurch die Grundlagen des internationalen Friedens und damit auch die Sicherheit der Vereinigten Staaten.“
(aus der Rede Trumans vor dem Kongress am 12. März 1947, zit. nach Schmid, a. a. O., S. 110, Q. 24)

2.5 Die Londoner Außenministerkonferenz

25. November–15. Dezember 1947

Loth, a. a. O., S. 212 ff.

- Molotow beantwortet die amerikanisch-englischen Forderungen, indem er von einem neuen „imperialistischen“ Krieg gegen die SU spricht;
- der amerikanische Außenminister Marshall provoziert den Abbruch der Konferenz;
- die amerikanische Regierung zeigt sich daraufhin in der Folgezeit entschlossen, die Deutschen mit allen

Mitteln (Lockungen oder Drohungen) für eine Weststaatslösung zu gewinnen;
- Ziel: Auf dem Weg über einen wirtschaftlichen Wiederaufstieg der Westzonen eine solide Ausgangsbasis für die amerikanische Europapolitik zu schaffen.

5. Juni 1947

2.6 Der Marshall-Plan

Ziel:

engl.: European Recovery Program (ERP)

Vogelsang, a.a.O., S. 40ff. und 77ff., Loth, a.a.O., S. 161–183. Text in: Schmid, a.a.O., S. 110, Q. 25; Info 259, S. 37f.

Der vom amerikanischen Außenminister Marshall verkündete Plan eines europäischen Wiederaufbauprogramms leitete eine politisch-wirtschaftliche Offensive großen Stils in Europa ein. Ihr Ziel sollte die Wiederherstellung einer funktionierenden Weltwirtschaft sein, damit politische und gesellschaftliche Verhältnisse entstehen, in denen freiheitliche Institutionen existieren können.

Gesamtvolumen des Marshall-Plans: 13 Mrd. Dollar
Laufzeit: 1948–1952 (Westberlin bis 1957)
Verteilung durch die OEEC, s. S. 139

Inhalt:
- Lieferung von Rohstoffen und Fertigprodukten;
- Gewährung von Zuschüssen und Krediten;
- Verteilung der Mittel durch den zu gründenden Europäischen Wirtschaftsrat.

Auswirkungen:
- Die massive wirtschaftliche Unterstützung beinhaltete de facto für die annehmenden Staaten die Anerkennung der amerikanischen Führung im wirtschaftlichen und darüber hinaus auch im politischen Bereich;
- im Fall der Westzonen bedeutete dies die Entscheidung für die von den USA favorisierte Weststaatslösung.

Reaktion der SU:
- Errichtung der „Deutschen Wirtschaftskommission" (DWK) in der SBZ;

Info 259, S. 33

- auf sowjetischen Druck hin lehnten Polen, die CSSR und Ungarn den Marshall-Plan ab, da er zur wirtschaftlichen „Versklavung" führe.

23. Februar–6. März und 20. April – 2. Juni 1948

2.7 Die Londoner Sechs-Mächte-Konferenz

- Teilnehmer: Die westlichen Siegermächte und die Benelux-Staaten;

Vogelsang, S. 83ff.
Hillgruber, S. 42ff.
Kommuniqué bei Salzmann, a.a.O., Nr. 13

- Entscheidend: Anpassung der divergierenden britischen und vor allem französischen Deutschlandpolitik an die amerikanische. Alle Beteiligten akzeptieren die Weststaatslösung als die Grundlage der gemeinsamen Deutschlandpolitik;

- die westdeutschen Ministerpräsidenten werden ermächtigt, eine Versammlung einzuberufen, die eine Verfassung erarbeiten soll, die die Rechte der einzelnen Staaten angemessen schützt und gleichzeitig eine angemessene zentrale Gewalt vorsieht;

Dies bedeutete konkret: Anschluss der französischen an die Bizone und Währungsreform.

- unter dem Eindruck des von der SU gelenkten kommunistischen Staatsstreichs in der CSSR schließen die europäischen Teilnehmerstaaten den Brüsseler Fünf-Mächte-Vertrag, in dem zwar Deutschland noch als potenzieller Gegner genannt wird, der jedoch seiner gesamten Zielsetzung nach – wenn auch nicht ausdrücklich – gegen die SU gerichtet ist.

Februar 1948. Genau genommen muss bis zu diesem Zeitpunkt von der CSR, danach von der CSSR (Tschechoslowakische Sozialistische Republik) gesprochen werden.

17. März 1948

Reaktion Stalins:
- Der sowjetische Militärgouverneur Sokolowski verlässt den alliierten Kontrollrat, der damit aufhört zu existieren;
- Sperrung der Zufahrtswege nach Berlin.

3 Die Berlin-Blockade

24. Juni 1948–12. Mai 1949

Ziele der SU:
- Die Blockade sollte die Schwäche der Westmächte und ihre instabile Position in Berlin verdeutlichen;
- die Rolle der SU als Führungsmacht sollte der Weltöffentlichkeit durch die Brüskierung der USA dokumentiert werden.

Loth, a. a. O., S. 221–230, Hillgruber, a. a. O., S. 43 ff., Info 259, S. 42 ff.

Chronologie der Blockade:
- Erste Schikanen beginnen nach dem Scheitern der Londoner Außenministerkonferenz;
- **11. Januar 1948:** Die „Tägliche Rundschau", die Zeitung der Roten Armee für die deutsche Bevölkerung, nennt Berlin ein „Objekt der Spaltungspolitik", einen „Brennpunkt der Intrigen";
- **3. Juni 1948:** Verkündigung der Beschlüsse der Londoner Sechsmächtekonferenz, Ankündigung der Weststaatslösung;
- **18. Juni:** Die Währungsreform wird in den Westzonen angekündigt, zwei Tage später realisiert;

s. S. 53

- **19. Juni:** Die SU unterbricht den deutschen Personenverkehr von den Westzonen nach Westberlin;
- **22. Juni:** Die SU droht, in der SBZ eine eigene Währung zu schaffen, die auch für ganz Berlin Geltung haben soll;

Begründung: Technische Schwierigkeiten auf der Strecke Helmstedt–Berlin

- **23./24. Juni:** Sperrung der Transitwege (durch die SBZ) nach Westberlin, Abschalten des Stroms für den westlichen Teil der Stadt;
- **24. Juni:** Einführung der DM (Ost); gleichzeitig Einführung der DM (West) für Westberlin.

„Wenn Berlin fällt, folgt Westdeutschland als Nächstes." (Clay im Nationalen Sicherheitsrat der USA am 19. Juli 1948, zit. nach Schmid, a.a.O., S. 189, Q. 20)

Reaktion der Westmächte:

Nach verbalen, nutzlosen Protesten wird vor allem auf Betreiben des amerikanischen Generals Lucius Clay die Luftbrücke nach Berlin eingerichtet. Sie versorgt die Westberliner 10 Monate lang mit allen lebenswichtigen Gütern.

Entscheidend für später: Die USA versäumten es, sich ihre Zugangsrechte nach Berlin eindeutiger von der SU bestätigen zu lassen.

Ergebnis:

- Am 12. Mai 1949 wird die Berlin-Blockade durch das nach den Unterhändlern benannte „Jessup-Malik-Abkommen" aufgehoben, nachdem ihre Nutzlosigkeit deutlich geworden war;
- die Berlin-Blockade markiert den Höhepunkt des Kalten Kriegs seit 1947;
- Berlin wird zum ersten Mal zum Testfall der Ost-West-Beziehungen;
- die SU hatte sich nicht durchsetzen können, jedoch erkannt, dass die Westmächte den Einsatz von militärischen Mitteln scheuten;
- Berlin wurde nun zum Faustpfand auf der einen (sowjetischen) und zum Symbol des (westlichen) Friedenswillens auf der anderen Seite;
- in den beiden folgenden Jahrzehnten fungierte Berlin wiederholt als Testfall der Ost-West-Beziehungen.

vgl. das Berlin-Ultimatum von 1958, s. S. 100f., den Mauerbau 1961, s. S. 105f. und das Viermächte-Abkommen von 1971, s. S. 119ff.

Die Entstehung der Bundesrepublik

5

1 Der Zusammenschluss der Westzonen zur Bi- bzw. Trizone

Vogelsang, a.a.O., S. 82–114; Info 224, S. 28 f.

1.1 Die Bizone

Entwicklung:

Vor allem die USA drängen seit 1946 auf eine wirtschaftliche Stabilisierung Deutschlands im Interesse einer Wiederbelebung der westdeutschen (und damit der westeuropäischen) Industrie.

„Die Produktionsfähigkeit Deutschlands kann nicht wiederhergestellt werden, ohne dass Deutschland in die Lage versetzt wird, zu dieser Produktivität beizutragen." (der frühere amerikanische Präsident E. J. Hoover im Februar 1947; zit. nach Thurich/Endlich, a.a.O., S. 16)

- 20. Juli 1946: der amerikanische Militärgouverneur schlug seinen drei Kollegen die wirtschaftliche Verbindung der Besatzungszonen vor. Während Großbritannien aufgrund seiner ungünstigen finanziellen Situation zustimmte, lehnten Frankreich und die SU den Vorschlag ab;
- die angelsächsischen Vorstellungen bezüglich eines einheitlichen Wirtschaftsgebietes trafen mit den politischen Ordnungsvorstellungen deutscher Politiker zusammen, die in einem wirtschaftlichen Zusammenschluss einen ersten Schritt zur Souveränität sahen. Hieraus ergab sich eine rasche und insgesamt relativ reibungslose Zusammenarbeit;
- 9. August 1946: erste bizonale Wirtschaftsbehörden nahmen ihre Arbeit auf;

Finanzen, Wirtschaft, Ernährung/Landwirtschaft, Post/Fernmeldewesen, Verkehr

- der Länderrat erhielt die Aufgabe, die Verschmelzung vorzubereiten;
- mit Beginn des neuen Jahres trat die Bizone in Kraft.

1. Januar 1947

Bewertung:

Die Schaffung der Bizone ist in zeitlichem Zusammenhang mit der Stuttgarter Rede des amerikanischen Außenministers, mit der Entstehung neuer Länder in der britischen Zone, dem Scheitern der alliierten Verhandlungen über die Zukunft Deutschlands sowie dem wachsenden Übergewicht der amerikanischen Vorstellungen von Staat und Gesellschaft zu sehen. Sie bedeutet das Eingeständnis und die amtliche Feststellung der Spaltung Deutschlands, die von nun an am Gegensatz Bizone – SBZ immer deutlicher wurde.

s. S. 46
s. S. 33 f.

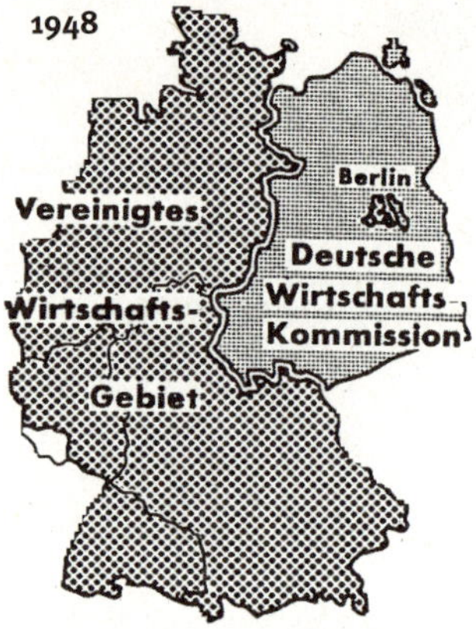

Die Spaltung Deutschlands

1.2 Die Entstehung der Trizone

- Nach dem Scheitern der Moskauer Außenministerkonferenz und der Münchner Ministerpräsidentenkonferenz verstärken die USA den Ausbau der Bizone;
- Mitte Juni 1947 schaffen die Ministerpräsidenten der beiden Zonen einen „Wirtschaftsrat für das Vereinigte Wirtschaftsgebiet" mit Sitz in Frankfurt. Er besteht aus 52 Delegierten, die das politisch-parteiliche Kräfteverhältnis der einzelnen Landtage widerspiegeln;
- der Wirtschaftsrat tritt erstmalig am 23. Juni 1947 zusammen. Zusammensetzung: CDU 20 Mitglieder, SPD 20, FDP 4, Z 2, DP 2, KPD 3, WAV 1;
- aufgrund der wachsenden Zusammenarbeit der Bizone mit der französischen Zone im Jahre 1948 entsteht am 1. April 1949 die Trizone offiziell.

5.–7. Juni 1947

2 Die Münchner Ministerpräsidentenkonferenz

Vogelsang, a. a. O., S. 66–71;
Hillgruber, a. a. O., S. 32 f.;
Info 259, S. 34 f.

Das Zustandekommen:
Nach gemeinsamen Gesprächen der Ministerpräsidenten der amerikanischen und britischen Zone ergriff der bayerische Ministerpräsident Hans Ehard die Initiative und lud alle seine Amtskollegen nach München ein.

Ziel der Konferenz:
Da die USA und Frankreich die Diskussion politischer Themen verboten hatten, bestand das Ziel der westdeutschen Ministerpräsidenten darin, ein Konzept zu erarbeiten, welches „das Abgleiten des deutschen Volkes in ein rettungsloses wirtschaftliches und politisches Chaos" verhindern sollte.

Ehard betonte eingangs, die Tagung dürfte nicht in eine politische Demonstration ausarten. Das Bekenntnis zur deutschen Schicksalsgemeinschaft gehöre an die Spitze. Wichtiger als schöne Reden sei im Augenblick jedoch die Tatsache, dass man sich an einen Tisch setze.

Der Verlauf:
Grundlegende Gegensätze wurden bereits am Eröffnungstag deutlich. Die Ministerpräsidenten der westlichen Zonen legten ihren Amtskollegen aus der SBZ eine ausgearbeitete Tagesordnung vor, die – ihren Weisungen entsprechend – wirtschaftliche Verbesserungen zum Inhalt hatte. Die Ministerpräsidenten der SBZ dagegen brachten gemäß der ihnen von der SMAD vorgegebenen Marschroute den Antrag vor, als ersten Punkt der Tagesordnung die „Bildung einer deutschen Zentralverwaltung durch Verständigung der deutschen demokratischen Parteien

und Gewerkschaften zur Schaffung eines deutschen Einheitsstaates" zu behandeln. Diese unterschiedliche Ausgangsposition bewirkte das Scheitern der Konferenz, die Vertreter der SBZ verließen noch am selben Tag München. Die westdeutschen Ministerpräsidenten fassten eine Reihe von Beschlüssen und beendeten die Konferenz mit einer Erklärung zur deutschen Einheit.

z. B. zu Fragen der Ernährung, der Kriegsgefangenenrückführung und der Entnazifizierung

Beurteilung:

Die Konferenz dokumentiert einmal die Abhängigkeit aller beteiligten Politiker von den Besatzungsmächten und macht zum anderen die Auseinanderentwicklung der östlichen und westlichen Besatzungs- bzw. Deutschlandpolitik deutlich. Sie bedeutet den ersten gesamtdeutschen Versuch zur Lösung des Problems, der jedoch wie die folgenden keine Aussicht auf Erfolg hatte.

3 Die Währungsreform in den Westzonen und in Westberlin

Vogelsang, a. a. O., S. 77–84; Hillgruber, a. a. O., S. 42 ff.; Info 259, S. 39 ff.

Voraussetzungen:

- Kriegs- und volkswirtschaftliche Verluste,
- Gebietsverluste,
- Demontagen,
- Reparationen ruinieren die Reichsmark.

Zunahme der ungedeckten Reichsmark:
1938: 60 Mrd.
1945: 300 Mrd.
1948: 400 Mrd.

Durchführung:

- Bereits 1945 planen die Alliierten währungspolitische Maßnahmen, die sich jedoch aufgrund der allgemeinen Entwicklung zwischen den Siegermächten verzögern und die schließlich aufgegeben werden.
- Die SU widersetzt sich einer gemeinsamen Kontrolle des Geldumlaufs neuer Währung (D-Mark) und beansprucht statt dessen das Recht, D-Mark nach eigenem Ermessen drucken zu dürfen. Dies hätte ihr die Möglichkeit währungspolitischer Manipulationen gegeben.
- 20. Juni 1948: Verkündigung des neuen Währungsgesetzes, das für die Trizone gilt und am 24. Juni auch auf Westberlin erweitert wird. Es regelt die neue Zahlungseinheit D-Mark.
- Jeder Erwachsene erhält einen „Kopfbetrag" von insgesamt 60 DM (40 sofort, 20 nach einem Monat). Altgeldguthaben und Forderungen werden im Verhältnis 10 : 1 zur neuen Währung umgestellt.

Vergleich der Währungsreformen in den Westzonen und der SBZ:

Westzonen	SBZ
Die Währungsreform trat in den drei Westzonen (Trizone) am 20. Juni 1948, in den Berliner Westsektoren am 24. Juni 1948 in Kraft.	Die Währungsreform trat in der SBZ und in ganz Groß-Berlin (durchgeführt nur im sowjetischen Sektor) am 24. Juni und 25. Juli 1948 in Kraft.
Angeordnet von den drei Militärregierungen	Angeordnet von der SMAD
Kopfgeld: 60 RM pro Person werden 1 : 1 in DM umgetauscht, weiteres Bargeld 10 : 1. Sparguthaben 10 : 0,65.	Kopfgeld: 70 RM pro Person werden 1 : 1 eingetauscht, weiteres Bargeld 10 : 1. Sparguthaben bis 100 RM 1 : 1, bis 1000 RM 5 : 1, darüber 10 : 1.
Überprüfung aller Konten auf Rechtmäßigkeit des Erwerbs (z. B. Schwarzhandel)	Überprüfung aller Konten mit höheren Beträgen; „Beträge, die faschistischen Verbrechern und Kriegsverbrechern gehören, [sind] zu konfiszieren."
Alle Betriebe erhalten eine Übergangshilfe, im Höchstfall nach dem Kurs 1 : 1.	Betriebe der staatlichen Verwaltungen und VEB tauschen 1 : 1, private Unternehmen in der Höhe des Umsatzes der 1. Wochen 1 : 1; Kredite der Neubauernhöfe (Bodenreform 1945) 5 : 1 abgewertet.
Grundbesitz, Produktionsstätten, Aktien behalten ihren Wert und werden weiter frei gehandelt.	Grundbesitz ist volkseigen. Produktionsstätten behalten ihren Wert. Freier Handel ist in keinem Fall erlaubt.
Lastenausgleich zugunsten von Flüchtlingen aus den Ostgebieten und Bombengeschädigten erst später	Kein Lastenausgleich
Staatsschulden 10 : 1 abgewertet	Staatsschulden müssen 1 : 1 zurückgezahlt werden, z. B. an die SU 40–50 Mrd. DM in Preisen von 1953.
Demontagen werden 1947 vorübergehend, 1950 , endgültig eingestellt.	Demontagen, Reparationszahlungen erst 1953 von der SU eingestellt.
Absicherung der Währungsreform durch Hilfszahlungen aus den USA nach dem Marshall-Plan.	Die Besatzungsmacht verbietet der DWK (Deutsche Wirtschafts-Kommission der SBZ) die Annahme von Marshall-Plan-Geldern.
Rationierung, Zwangsbewirtschaftung vieler Produkte und Preiskontrollen entfallen weithin sofort.	Rationierung, Zwangsbewirtschaftung und totale Preiskontrolle bleiben.

Schmid, a.a.O., S. 186

Überschriften der Zeitung „Die Welt" vom 24. Juni 1948:
„Angebot steigt weiter"
„Hohe Umsätze"
„Qualitätswaren verlangt"
„Volkswagen sofort lieferbar"

Folgen und Auswirkungen:

- Große Verluste bei den Sparern;
- große Gewinne bei Sachwertbesitzern und Schuldnern;
- allgemeine Erleichterung, ein stabiles Währungssystem zu haben, das zum einen dem Schwarzmarkt ein Ende machte, zum anderen für ein sinnvolles Verhältnis von Angebot und Kaufkraft sorgte;
- Ludwig Erhard, der „Vater des Wirtschaftswunders", damals Direktor des Ressorts „Wirtschaft" im Frankfurter Wirtschaftsrat, verknüpfte im Sinne der von ihm propagierten „sozialen Marktwirtschaft" die Wäh-

rungsreform mit einer entschiedenen Wirtschaftsreform:
- Abbau zahlreicher Verwaltungsvorschriften
- Abschaffung des Bezugscheinsystems
- Verhinderung einer Planwirtschaft;
- damit wird die Währungsreform zu einem durchschlagenden Erfolg. Die Bevölkerung setzte Vertrauen in die neue Währung, die Schaufenster füllten sich über Nacht, die Wirtschaft in den Westzonen lief an.

Freie Marktwirtschaft
- *Selbstständigkeit*
- *Privateigentum; Manager in der Geschäftsführung; größtmöglicher Betriebsgewinn*
- *Abhängigkeit vom Markt, Tarifverträgen und ggf. staatl. Subventionen*
- *Risiko für Eigentümer; Entlassungsgefahr für Manager*
- *keine politische Ausrichtung der Betriebe; Wahrnehmung der Interessen durch Verbände*

4 Die Frankfurter Dokumente

1. Juli 1948

Inhalt:

Hillgruber, a.a.O., S. 44ff., Info 259, S. 44ff., Vogelsang, a.a.O., S. 87ff. Text bei Salzmann, a.a.O., Nr. 14 und Schmid, a.a.O., S. 187, Q. 16

Die drei westlichen Militärgouverneure überreichen den elf Länderchefs (also auch denen der französischen Zone) zu Frankfurt drei Schriftstücke, die zu den bedeutendsten Dokumenten der Staatswerdung der Bundesrepublik zu zählen sind. Sie enthalten im Wesentlichen drei Aufgaben:

1. bis zum 1. August 1948 eine verfassunggebende Versammlung einzuberufen, die eine Verfassung erarbeiten soll;
2. die Neuordnung der 1945/46 entstandenen Länder vorzubereiten, und
3. Stellung zu nehmen zu einem von den Militärgouverneuren vorgelegten Besatzungsstatut.

Aufnahme in den Westzonen:

- Die Bekanntgabe der „Empfehlungen" löste eine sehr lebhafte, mitunter heftige Diskussion in der Bevölkerung und bei den Politikern aus;
- die „Empfehlungen" wurden überwiegend abgelehnt, da man durch sie eine Zementierung der deutschen Spaltung befürchtete;
- auch die Ministerpräsidenten der Westzonen entschieden sich in ihrer ersten Versammlung gegen eine verfassunggebende Versammlung mit der Begründung, dass man in den Westzonen gar nicht das Recht der freien Willensäußerung habe. Man beschloss statt dessen die Errichtung einer Organisation oberhalb der Länderebene, die einen Verfassungsentwurf vorbereiten sollte.

Hotel Rittersturz nahe Koblenz, 8.–10. Juli

Die weitere Entwicklung:

- Der von den Ministerpräsidenten geplante „Parlamentarische Rat“ sollte keine Verfassung, sondern ein „Grundgesetz“ für die einheitliche Verwaltung des Besatzungsgebiets schaffen. Diese Begriffe sollten den provisorischen Charakter des zu bildenden Staates betonen.
- Die Ablehnung einer verfassunggebenden Versammlung, die Bevorzugung des Parlamentarischen Rats enttäuschte und verärgerte die Westmächte. Sie drohten mit Konsequenzen für ihr Verhältnis zu den Westdeutschen.

So wurde z.B. die Preisgabe Berlins angedeutet.

Die Annahme der Empfehlungen:

Schloss Niederwald bei Rüdesheim (21./22. Juli 1948)
Konträre Positionen vertraten Carlo Schmid (striktes Beharren auf dem provisorischen Charakter aller Entscheidungen) und Ernst Reuter, der aus Sorge um Berlin zum Kompromiss drängte.

- Bei einem zweiten Treffen der Ministerpräsidenten wurden die Bedenken gegen einen Weststaat mit allen staatlichen Qualitäten nach langen Debatten schließlich überwunden. Den Ausschlag gab der Berliner Bürgermeister Ernst Reuter mit dem Argument, dass die Spaltung Deutschlands durch einen Weststaat nicht erst geschaffen werde, sie sei bereits vorhanden. Die Annahme der alliierten Offerte mache – so Reuter – eine schrittweise Wiedergewinnung der deutschen Souveränität zunächst im Westen, dann aufgrund der von hier ausgehenden politischen und wirtschaftlichen Anziehungskraft auch in der SBZ möglich.

„Magnettheorie“

- Die Frage war nun, auf welcher Ebene das Grundgesetz angenommen werden sollte, an dem die Ministerpräsidenten kategorisch festhielten. Hierfür gab es zwei Möglichkeiten:
  a) durch eine Volksabstimmung: Diese Lösung stieß auf einhellige Ablehnung, da sie ein westdeutsches Staatsvolk impliziert und der Einheit der Nation sowie dem staatlichen Selbstverständnis der Westdeutschen widersprochen hätte;
  b) durch die Landtage: Diese Lösung wurde ebenso einhellig befürwortet, da sie den provisorischen Charakter des Grundgesetzes am klarsten verdeutlichte.
- Nach harten Diskussionen lenkten die Alliierten schließlich ein und genehmigten die Annahme des Grundgesetzes durch die Länderparlamente.

5 Der Parlamentarische Rat

Vogelsang, a.a.O., S. 89f., 92f., 97f.; Info 259, S. 47f.

Das Zustandekommen:

- Errichtung eines „ständigen Büros" in Wiesbaden zur Koordinierung und Vorbereitung des Verfassungskonvents;
- Zusammentreten eines Verfassungskonvents zu Herrenchiemsee. Er legt nach zweiwöchigen Beratungen einen Grundgesetzentwurf vor, der an zahlreichen Stellen die verschiedenen politischen Anschauungen deutlich macht;

  10. August 1948
- Einberufung des Parlamentarischen Rats.

  1. September 1948

Die Zusammensetzung:

- Der Parlamentarische Rat, der sich am 1. September im Naturhistorischen Museum König zu Bonn konstituierte, bestand aus 65 Mitgliedern, die von den Landtagen im August gewählt und nach Bonn geschickt wurden.

  Das „Wahlgesetz über die Errichtung des Parlamentarischen Rats" vom 26. Juli 1948 sah vor, dass auf je 750000 Einwohner eines Landes ein Abgeordneter entfallen solle, sowie ein zusätzlicher für eine Restsumme von mindestens 200000 Einwohnern.
- Neben fünf Abgeordneten aus Westberlin, die jedoch nur beratende Funktion hatten, setzte sich der Parlamentarische Rat folgendermaßen zusammen: CDU 19, CSU 8, SPD 27, FDP 5, Z 2, DP 2, KPD 2.
- Als erste Amtshandlung wählte der Parlamentarische Rat den Vorsitzenden der nordrhein-westfälischen CDU, Dr. Konrad Adenauer zum Präsidenten, Professor Carlo Schmid (SPD) zum Vorsitzenden des wichtigen Hauptausschusses.

Die Zielsetzung:

- Ausarbeitung und Verabschiedung einer detaillierten Verfassungsgrundlage für einen provisorischen westdeutschen Teilstaat;
- Schaffung der nötigen Voraussetzungen für ein funktionierendes und stabiles Staatswesen durch geeignete Sicherungen innerhalb der Verfassung.

  Verfassungsschutz, Bundesverfassungsgericht, Bedeutung der Grundrechte, Stellung der Parteien etc., s. S. 60ff.

Gemeinsame Vorstellungen:

- Ausschalten bzw. Verhinderung jeglicher Diktatur durch Sicherung gegen Missbrauch demokratischer Freiheiten;

  z.B. durch die freiheitlich-demokratische Grundordnung (fdGo); durch das Bundesverfassungsgericht, den Verfassungsschutz
- Betonung der Menschen- und Grundrechte als vorstaatlicher Freiheitsrechte des Einzelnen und deren unumstößliche Verankerung im GG;

s. S. 138

- sozialer Rechtsstaat;
- Handlungsfreiheit und Selbstbestimmung für alle Deutschen;
- Wiedervereinigung in freier Selbstbestimmung.

Problembereiche:

a) Die Staatstheorie

CDU/ CSU:
- Berufung auf das Naturrecht;
- Verbindung von Staat und Christentum;
- subsidiäre Funktion des Staates.

Subsidiaritätsprinzip: Die größere Gemeinschaft (hier konkret: der Bund) darf nur dann tätig werden, wenn die kleinere (Länder, Kommunen) außerstande ist, die eigenen Belange wahrzunehmen. Damit ist das S., das z. B. in den Art. 6, 20, 28, 30, 72 GG verwirklicht ist, das Gegenstück zum Staatstotalitarismus östlicher Prägung.

SPD:
- Die zu schaffende Demokratie soll den Vorstellungen des klassischen Liberalismus entsprechen, d. h.
  a) Trennung von Kirche und Staat
  b) Gewaltenteilung
  c) Sicherung der Grundrechte
- Betonung des provisorischen Charakters des neuen Teilstaats durch ein „zeitlich begrenztes Grundgesetz zur Organisation eines Staatsfragments“ (Carlo Schmid).

FDP:
- Ablehnung des von der CDU/CSU als Machtgrenze des Staates geforderten Naturrechts, da es aus einer Zeit stamme, in der es noch keine Demokratie gegeben habe;
- der Staat hat einen „Herrschaftsauftrag auf Frist, also kündbar“ (Th. Heuss).

b) Der Föderalismus

CDU: Bund und Länder sollen gleichberechtigt sein (Subsidiaritätsprinzip steht dazu nicht im Widerspruch);

CSU: Die Bedeutung der Länder soll die des Bundes, der Zentralstaatlichkeit, übertreffen;

Ziel: Überwindung partikularer Interessen

SPD: Bundesgewalt geht vor Landesgewalt („zentrale Leitung bei dezentralisierter Verwaltung“);

FDP: Warnung vor übertriebenem Föderalismus;

Z: Im Wesentlichen wie CDU;

DP: Extremer Föderalismus. Er wird deutlich an der geforderten Bildung einer Bundesregierung aus Bevollmächtigten der Länder;

KPD: Ablehnung von jeglichem Föderalismus.

Gemeinsamkeiten:
Trotz aller Diskussionen und unterschiedlicher Vorstellungen dürfen die Gemeinsamkeiten der drei wichtigen Parteien nicht übersehen werden:
- Verhinderung einer Diktatur durch eine entsprechende Staatsform bzw. deren Stabilisierung und Schutz;
- Selbstbestimmung gegenüber den Besatzungsmächten;
- Ausbau des sozialen Rechtsstaats.

6 Das Grundgesetz der Bundesrepublik

6.1 Das Zustandekommen

- Innerhalb des PR und zwischen ihm und den Besatzungsmächten kommt es seit seiner Konstituierung des Öfteren zu heftigen Auseinandersetzungen.
- Vor allem in der Frage des Föderalismus traten die unterschiedlichen Auffassungen auch auf der Ebene der Alliierten deutlich zutage:
  a) Frankreich drängte auf einen möglichst lockeren Zusammenschluss der Länder und auf eine möglichst umfassende Schwächung der Zentralmacht, also des Bundes;
  b) die USA wollten ein System, das so weit als irgend möglich der amerikanischen föderativen Verfassung entsprach;

c) Großbritannien zeigte sich mit einem föderativen Staat einverstanden, sofern er mit einer stärkeren Zentralmacht verbunden sei (Vorbild: Großbritannien).

- Nach dem erneuten Eingreifen der Alliierten im März 1949, das zur stärkeren Berücksichtigung ihrer Vorschläge führte, kam es im PR zu einer Krise, da die SPD aufgrund der mitunter scharfen Gegensätze mit der CDU die Zusammenarbeit aufkündigte.
- Die FDP spielte das Zünglein an der Waage, unterstützte den Kurs der SPD nicht und zwang sie dadurch zum Einlenken.

8. Mai 1949

- Annahme des GG im PR. Dagegen stimmten zwölf Delegierte: sechs der CSU, sowie die von DP, Z und KPD (je zwei).
- Gründe:
  a) zu wenig Föderalismus und christliches Gedankengut (CSU, Z, DP);
  b) generelle Ablehnung einer konstruktiven Mitarbeit aus ideologischen Gründen (KPD).

12. Mai 1949

- Die westlichen Alliierten genehmigten das GG, das die Länderparlamente mit Ausnahme Bayerns annahmen, das jedoch erklärte, sich der Mehrheitsentscheidung der Länder fügen zu wollen.

23. Mai 1949

- Das GG tritt in Kraft.

14. August 1949

- Wahl des im GG vorgesehenen zentralen Organs, des Bundestags.

6.2 Wesentliche Bestimmungen und Charakteristika des GG

Bis 3. Oktober 1990, s. S. 136

- Provisorischer Charakter;
- Wiedervereinigung und sozialer Rechtsstaat sind übergeordnete Ziele;
- die Zusammensetzung des Parlaments wird vom Volk durch das allgemeine, gleiche, geheime und direkte Wahlrecht bestimmt;

Schutz des Individuums vor staatlicher Willkür durch die Bindung aller staatlichen Institutionen an die Grundrechte, die unmittelbar geltendes Recht sind (vgl. Verfassung der DDR: Vorrangigkeit des Staatsaufbaus)

- Vorstaatlichkeit und Unaufhebbarkeit der Grund- und Menschenrechte;
- Parteien sind verfassungsrechtliche Institutionen;
- die Zusammensetzung des Parlaments wird vom Volk durch das allgemeine, gleiche und geheime Wahlrecht bestimmt;
- seine Aktionsfähigkeit und seine Regierungskontrolle werden vor allem durch Wahlrechtsklauseln und konstruktives Misstrauensvotum gewährleistet;

- Betonung des Repräsentativsystems bedeutet eine Stärkung des Parlaments und Abkehr von der plebiszitären Demokratie;
- Konzentration der politischen Macht auf BT, BR und Kanzler;
- Beschränkung der Macht des Bundespräsidenten auf die Funktion des Staatsoberhauptes;
- Garantie und Schutz des Grundgesetzes und damit des Staates durch Verfassungsschutz und Bundesverfassungsgericht.

vgl. die Machtfülle des Reichspräsidenten, seine Funktion als „Ersatzkaiser" in der Weimarer Verfassung

6.3 Verfassungsvergleich: Grundgesetz – Weimarer Reichsverfassung

Das Grundgesetz muss als bewusste Reaktion auf die Weimarer Reichsverfassung und auf die Verhältnisse im Dritten Reich gesehen werden. Die meisten Väter des Grundgesetzes brachten ihre diesbezüglichen Erfahrungen bei der Konzipierung der Verfassung ein. Ihr höchstes Ziel war es deshalb, eine Verfassung zu schaffen, die unabhängig von ihrem provisorischen Charakter eine Demokratie gewährleisten sollte, die von ihrem verfassungsrechtlichen Rahmen her einer Diktatur die „Machtübernahme" nicht nur erschweren, sondern unmöglich machen sollte. Zu deutlich stand das Bild der Weimarer Reichsverfassung vor Augen, die es Hitler und der NSDAP ermöglicht hatte, die Macht zu „ergreifen" und mit scheinbar verfassungsrechtlicher Legalität die demokratischen Grundlagen zu beseitigen.
Gegen die Wiederholung derartiger Entwicklungen wurde deshalb eine Reihe von Sicherungen eingebaut, deren Zweck und Funktionsweise durch einen direkten Vergleich wesentlicher Bereiche des GG mit der Weimarer Reichsverfassung deutlich wird.

Das Thema „Grundgesetz als Antiverfassung" spielt in der Publizistik bis zum heutigen Tage eine Rolle, z. B.:
1956: F. R. Allemann, „Bonn ist nicht Weimar"
1966: „Die Zeit": Ist Bonn doch Weimar? (Anlass: erste Minderheitsregierung seit 1933)
1972; „Die Zeit": „Bonn ist doch nicht Weimar" (Anlass: Scheitern des Misstrauensvotums, s. S. 62 f.)

Grundgesetz	Weimarer Verfassung
1 Grundrechte und Menschenrechte	
– Die Grund- und Menschenrechte (Art. 1–17) sind unaufhebbar (Art. 19, 2); sie binden alle drei Gewalten unmittelbar und sind unveränderlich (Art. 79, 3) – die Reihenfolge der Grund- und Menschenrechte und ihre Stellung innerhalb der Verfassung zeigen ihre Bedeutung	– Individualrechte Art. 109–118 Gemeinschaftsrechte 118–134 Religionsrechte 135–141 weiterer Grundrechtskatalog in Art. 142–165 – oft nur als Programmsätze verstanden und durch Verfassungsänderung aufhebbar
2 Bundespräsident	**Reichspräsident**
– Repräsentative Funktion – Amtsperiode 5 Jahre – Wiederwahl einmal möglich – genaue Fixierung seiner Rechte (z. B. Art. 63 und 68) – nur Vorschlagsrecht für Kanzlerwahl (Art. 63) – geringe Kompetenz in der Notstandsverfassung (Art. 115a ff.)	– Enorme Machtfülle – Amtsperiode 7 Jahre – beliebig häufige Wiederwahl – Wahl direkt durch das Volk – Recht der Reichstagsauflösung (Art. 25) – Ernennung, Entlassung des Reichskanzlers, und der Minister (Art. 53) – militärischer Oberbefehl (Art. 47) – Notverordnungsrecht (Art. 48) – Reichsexekutionsrecht (Art. 48 enthält auch das Recht, mit Waffengewalt gegen Personen oder Länder der Weimarer Republik vorzugehen)
3 Bundestag	**Reichstag**
– Wahl des Bundeskanzlers – Kontrolle der Exekutive durch konstruktives Misstrauensvotum – Legislative; eingeschränkt durch Zustimmungsgesetze (Bundesrat beteiligt) – beteiligt an Wahl des Bundespräsidenten und Richter des Bundesverfassungsgerichtes	– Wahl des Reichskanzlers – Blockierung der Regierung durch einfaches Misstrauensvotum – überragender Gesetzgebungsträger (in normalen Zeiten)
4 Bundesrat	**Reichsrat**
– Mitwirkung an der Legislative bei Zustimmungsgesetzen (Art. 70 ff.) – Beteiligung in Notstandssituationen (Art. 81 und 115a ff.) – Beteiligung an der Wahl der Bundesverfassungsrichter (Art. 94)	– schwache Mitwirkung an der Legislative: lediglich suspensives Veto (Art. 74)
5 Bundesregierung	**Reichsregierung**
– Der Kanzler ist allein dem Bundestag verantwortlich (Art. 65 und 67) – der Kanzler hat die Richtlinienkompetenz (Art. 65) – zu seiner Entfernung aus dem Amt ist das konstruktive Misstrauensvotum erforderlich (Art. 67; s. S. 139), dadurch stabile Stellung	– Kanzler und Minister sind vom Reichspräsidenten und vom Reichstag abhängig (Art. 53 f.) schwache Stellung auch wegen des einfachen Misstrauensvotums (Art. 54)

Grundgesetz	Weimarer Verfassung
6 Parteien	
– Wesentliche Pfeiler der westlichen Demokratien – sie gehören in einer pluralistischen Gesellschaft zu den unveränderbaren Grundlagen der Bundesrepublik (Art. 20)	– Keine verfassungsmäßige Verankerung – indirekt zugewiesene Funktion: Willensbildung durch Öffentlichkeitsarbeit und Vorbereitung der Wahlen
7 Wahlsystem (endgültige Version 1956)	
– Personalisierte Verhältniswahl (50 % Direktkandidaten, 50 % per Landeslisten) – Sperrklauseln: 5 % der bundesweit abgegebenen Stimmen oder drei Direktmandate sind nötig, um in den BT einziehen zu können – Folgen: wenige Parteien im BT, deshalb verhältnismäßig hohe Stabilität	– Reines Verhältniswahlrecht – keine Sperrklauseln – Folgen: Reichstag besteht aus vielen Parteien; erschwerte Regierungsbildung; insgesamt instabile parlamentarische Verhältnisse
8 Verfassungsschutz	
– Art. 1 und 20 (Menschenwürde, Grundrechtsbindung der staatlichen Gewalt und die Grundlagen staatlicher Ordnung) sind von Veränderungen ausgenommen (Art. 79, 3) – Änderungen in anderen Bereichen bedürfen der Zustimmung von mehr als 66 % des BT und BR (Art. 79, 2) – Grundrechtsverwirkung und Grundrechtseinschränkung (Art. 18 und 19) sowie Parteienverbot (Art. 21, 2) bei Verstoß gegen die freiheitlich-demokratische Grundordnung (s. S. 138) sind möglich – Bundesverfassungsgericht (Art. 93) und Bundesverfassungsschutz (Art. 73, 10 und 87, 1) sind ausdrücklich Hüter der Verfassung (Art. 93) – Normenkontrollklage (Art. 100)	– Verfassungsschutz im modernen Sinne existiert nicht – prinzipiell sind alle Artikel mit Zweidrittelmehrheit von Reichstag und Reichsrat änderbar – Schutz der Verfassung höchstens indirekt möglich über Art. 48 (Notstandsparagraf, Reichsexekution)

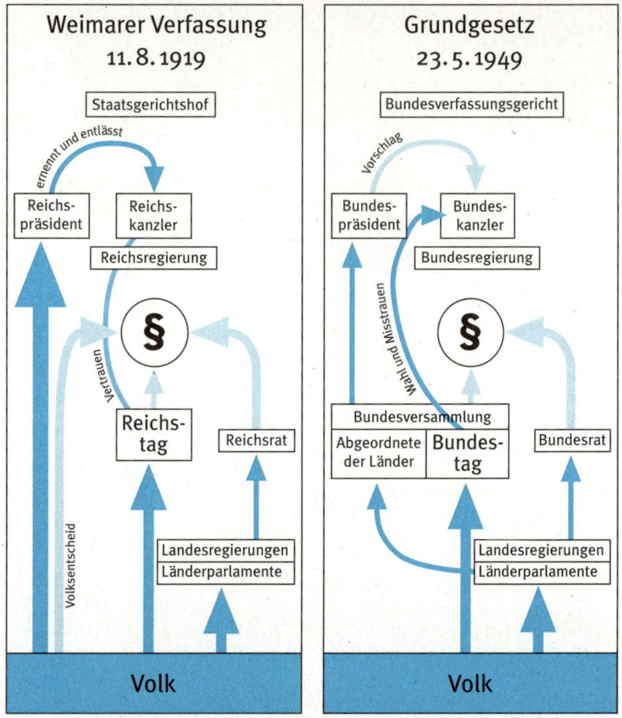

Das Grundgesetz – Versuch einer Korrektur der Weimarer Verfassung

Das Schaubild zeigt, dass man 1919 und 1949, in der Nationalversammlung und im Parlamentarischen Rat, eine Demokratie als „Herrschaft des Volkes" schaffen wollte, aber in beiden Verfassungen als repräsentative Demokratie. Das Volk sollte über seine Repräsentanten, vor allem über die Parlamente, Reichstag und Bundestag, „herrschen". In der Weimarer Verfassung aber waren noch starke plebiszitäre Elemente einer „Herrschaft durch das Volk" eingebaut gewesen: Die Wähler in der Weimarer Republik (seit 1919 auch die Frauen) wählten den Reichspräsidenten unmittelbar und hatten mit Volksbegehren und Volksentscheid in gewissen Fällen auch das Gesetzesinitiativ- und Gesetzgebungsrecht. Im Grundgesetz wurden beide Möglichkeiten der direkten Demokratie (auf Bundesebene) gestrichen. Die Erfahrungen von 1919 bis 1933 schienen das nahe zu legen.
(nach: G. Binder, a. a. O., S. 1120)

Die Erlangung der staatlichen Souveränität

6

1 Die innenpolitische Stabilisierung in der Ära Adenauer (1949–1963)

1.1 Die Situation nach 1949

- Auch nach der Gründung der Bundesrepublik verbleibt die oberste Regierungsgewalt bei den westlichen Alliierten, die sich in einem Besatzungsstatut vom 10. April 1949 Sonderbefugnisse in wichtigen Bereichen vorbehalten hatten.
- Gesetze treten nur in Kraft, wenn die Besatzungsmächte keine Einwände erheben.
- Sie können die Regierungsgewalt jederzeit „aus Sicherheitsgründen oder zur Aufrechterhaltung der demokratischen Ordnung in Deutschland“ übernehmen.

Abrüstung, Entmilitarisierung, Reparationen, Kontrolle der Industrie und der Außenpolitik

1.2 Die Wahl des 1. Bundespräsidenten

- Wahl am 12. September 1949;
- Kandidaten: Theodor Heuss (FDP) und Kurt Schumacher (SPD);
- im zweiten Wahlgang erhält Heuss die erforderliche absolute Mehrheit der Stimmen der Bundesversammlung (416 von 804);
- Persönlichkeit und Wirken:
  - Umfassende intellektuelle und künstlerische Bildung;
  - liberale Gesinnung gepaart mit schwäbischem Humor;
  - politische Autorität und Integrität;
  - insgesamt große Popularität;
  - er wird zur Symbolfigur eines anderen neuen Deutschlands durch bewusste Abkehr vom traditionellen Bild des „ersten Mannes in Uniform“.

Theodor Heuss:
** 31. Januar 1884 in Brackenheim, Württemberg, † 12. Februar 1963 in Stuttgart*
Heuss entstammte dem schwäbisch-demokratischen Liberalismus und schloss sich früh dem Kreis um F. Naumann an. Nach erster journalistischer Tätigkeit unterrichtete er an der Berliner Hochschule für Politik. Von 1924–28 vertrat er die DDP, von 1930–33 die Staatspartei im RT. 1946 gründete er die FDP in der US-Zone. 1945/46: Kultusminister in Württemberg-Baden. Als Mitglied des PR beeinflusste er wesentlich das GG.

Info 259, S. 48
Vogelsang, a. a. O., S. 106–109

1.3 Wahl und Tätigkeit des 1. Bundestags

weitere Wahlgesetze:
8. Juli 1953 für den 2. BT

7. Mai 1956 für alle folgenden

- Das Bundeswahlgesetz vom 15. Juni 1949 schafft die rechtlichen Voraussetzungen für diese Wahl;
- Wahl am 14. August 1949;
- Wahlbeteiligung: 78,5 %
- Sperrklauseln: 5 % der Stimmen in einem Bundesland oder ein Direktmandat;
- 7. September: 1. Sitzung des Bundestages;
- 15. September: Konrad Adenauer wird zum Bundeskanzler gewählt (202 von 402 Stimmen);
- Bildung einer Koalitionsregierung aus CDU/CSU, FDP und DP;
- Konzentration des ersten Regierungsprogramms auf die Wirtschaft und die Sozialpolitik.

Ergebnisse und Verteilung der Sitze im BT:

	Gültige Zweitstimmen (in %)	Sitze	% aller Sitze	Direktmandate
CDU/CSU	31,0	139	34,7	115
SPD	29,2	131	32,6	96
FDP	11,9	52	13,0	12
DP (Deutsche Partei)	4,0	17	4,2	5
BP (Bayernpartei)	4,2	17	4,2	11
Z (Zentrumspartei)	3,1	10	2,5	–
KPD	5,7	15	3,7	–
WAV (Wirtschaftliche Aufbauvereinigung)	2,9	12	3,0	–
DRP (Deutsche Reichspartei)	1,8	5	1,2	–
SSW (Südschleswigscher Wählerverband)	0,3	1	0,2	–
Sonstige (Parteilose, Notgemeinschaft)	4,8	3	0,7	3

Hillgruber, a. a. O., S. 41
Vogelsang, a. a. O., S. 121 ff.

1.4 Die außen- und deutschlandpolitische Konzeption Adenauers

1. Regierungserklärung Adenauers (20. September 1949): Salzmann, a. a. O., Nr. 17

Bestimmungsfaktoren:

- Niedergang Europas, der seine Ursache in der Selbstzerfleischung durch zwei Weltkriege hat;
- wesentliche Folge: Politische, wirtschaftliche und kulturelle Abhängigkeit von den Führungsmächten;
- sowjetischer Expansionsdrang. Als Indizien sieht Adenauer die sowjetische Rüstung und die Entstehung der

Satellitenstaaten, als Gründe für diese Entwicklung die weltrevolutionäre Ideologie, den totalitären Großmachtsdrang an. Die sich daraus ergebende antisowjetische, defensive Grundeinstellung prägt sein Konzept maßgeblich;
- Ost-West-Konflikt und „Kalter Krieg". Als Gegenmaßnahme zur Abwehr der sowjetischen Expansion, die die Ursache des Ost-West-Konflikts ist, befürwortet Adenauer den Zusammenschluss der freien Welt unter Führung der USA;
- strukturelle Schwächen der demokratischen Außenpolitik: Schwerfälligkeit aufgrund innenpolitischer Rücksichtnahme (Koalition!), innenpolitische Effekthascherei, Schwächung durch kommunistische Parteien, übersteigerter, kurzsichtiger Pazifismus;
- große Skepsis gegenüber dem deutschen Demokratiebewusstsein.

Konrad Adenauer (1876–1967): Politischer Werdegang: Geburtsort: Köln, Sohn eines ehemaligen Unteroffiziers und späteren Kanzleirats; Gymnasium, Jurastudium

1917 Oberbürgermeister von Köln
1920 Präsident des Preußischen Staatsrats, des Reichswirtschaftsrats und des Rheinischen Provinziallandtags
1922 Präsident des Deutschen Katholikentages
1933 Absetzung als Oberbürgermeister durch die Nationalsozialisten
1935 Verhaftung durch die Gestapo
1945 (Mai) Einsetzung zum Kölner Oberbürgermeister durch die Alliierten
1946 Vorsitzender der CDU (britische Zone)
1948 Präsident des PR
1949 Bundeskanzler (bis 1963)

Ziele:
- Freiheit (durch Westintegration),
- Frieden,
- nationale Einheit durch Wiedervereinigung mit Hilfe des Westens (Politik der Stärke).

Strategie:
- Maxime der Adenauerschen Außen- und Deutschlandpolitik ist die Einheit und Geschlossenheit der freien Welt;
- die Idealsituation sieht er in einem von den USA geführten vereinten Europa;
- zur Erreichung dieses Ziels soll ein möglichst dichtes Netz supranationaler und multinationaler Institutionen geknüpft werden;
- erster unverzichtbarer Schritt zur Erreichung seiner Ziele aus deutscher Sicht war für ihn die Westintegration im militärischen, politischen, wirtschaftlichen und ideologischen Bereich, eine Lockerung der Westintegration lehnte er deshalb kategorisch ab;
- antagonistische Konfrontation des Westens gegen die SU bzw. den Osten;
- die „Politik der Stärke" soll der Abschreckung dienen und mit Hilfe der Verbündeten eine Wiedervereinigung ermöglichen.

NATO, EWG, Montan-Union, deutsch-französische Freundschaft etc.

zum staatlichen Selbstverständnis (auch gegenüber der DDR) *s. S. 113f.*

„Wenn der Russe sich der Tatsache eines wieder bewaffneten Deutschlands gegenübersieht, dann wird er sich zum Verhandeln bereit erklären." (10. März 1952, laut „Nürnberger Nachrichten"; zit. nach Bodensieck I, Nr. 43)

Konkret bedeutete dieses Konzept:

a) Durch Aufrüstung, NATO-Integration und weiteren Ausbau des Nordatlantischen Bündnisses soll der Westen den Expansionsbestrebungen der SU entschieden gegenübertreten.
b) Durch die Stärke des Westens soll die SU im Hinblick auf Wiedervereinigung verhandlungs- und konzessionsbereit gemacht werden.

Bewertung:
Während das erste Ziel – Integration in den Westen – erreicht wurde, konnte das zweite (Wiedervereinigung) ohne grundlegende Veränderung der europäischen Rahmenbedingungen gar nicht erreicht werden, da der defensive Charakter der NATO als ein Nichtangriffsbündnis nur zu einer Erhaltung des territorialen Status quo führen konnte.

Vogelsang, a.a.O., S. 164–195, 213–276

2 Die innere Entwicklung der Bundesrepublik bis zum Ende der Amtszeit Erhards

Regierungen und Koalitionen 1949–1966:
1. *1949–1953: Adenauer (20. September, 20. Oktober) CDU/CSU, FDP, DP*
2. *1953–1957: Adenauer (20. Oktober, 29. Oktober) CDU/CSU, FDP, DP, BHE*
3. *1957–1961: Adenauer (29. Oktober, 14. November) CDU/CSU, DP*
4. *1961–1962: Adenauer (14. November, 13. Dezember) CDU/CSU, FDP*
5. *1962–1963: Adenauer (14. Dezember, 15. Oktober) CDU/CSU, FDP*
6. *1963–1965: Erhard (16.Oktober, 26.Oktober) CDU/CSU, FDP*
7. *1965–1966: Erhard (26.Oktober, 30. November)) CDU/CSU, FDP*

Regierung:
Wachsende Mehrheit für die CDU, da die Wähler die Politik Adenauers honorieren. Koalitionen mit FDP 1953–1957 und 1961–1966.

Innenpolitik:
- Trend zu großen Parteien (seit 1961 sind nur noch die großen Vier vertreten (CDU, CSU, SPD, FDP);
- Ausbau der fdGo u.a. durch das Verbot extremer Parteien (z. B. 1952: Sozialistische Reichspartei; 1956: KPD).

Wirtschaft:
- Rascher Aufbau der zerstörten Städte und Betriebe;
- der Arbeitskräftemangel erfordert die Aufnahme von Gastarbeitern;
- wirtschaftliche Starthilfe durch das Lastenausgleichsgesetz. Es wird im August 1952 vom BT verabschiedet. Ziel: Finanzieller Ausgleich für Heimatvertriebene, Bombengeschädigte und für Härten, die durch die Währungsreform entstanden sind;
- Diskussion um Erweiterung der Mitbestimmung in der Industrie.

3 Bedingungsfaktoren für die Erlangung der staatlichen Souveränität

Ziele:

- Wiedergewinnung der außenpolitischen Handlungsfreiheit;
- nationale Einheit;
- Beitrag zur Sicherung des Friedens durch
  a) eine aktive Politik der europäischen Integration,
  b) Stärkung Europas als politische Kraft;
- grundlegende Ziele: Freiheit, Frieden, Einheit.

Rahmen:

- Die BRep befindet sich in einer besonderen Lage (deutscher Teilstaat, westeuropäischer Gliedstaat, abhängig von den Supermächten).
- Hieraus ergibt sich die Alternative: Integration (wirtschaftlich, militärisch, politisch) in den Westen und Versuch, aus dieser Position heraus die Wiedervereinigung zu erreichen oder die deutsche Frage durch Neutralität bzw. vorsichtige Anlehnung an den Westen offen zu halten.

vgl. Adenauers „Politik der Stärke", und die Diskussion über die militärische Eingliederung in die NATO, s. S. 70f.

Möglichkeiten:

a) Man überlässt die deutschland- und außenpolitische Initiative allein den Alliierten.
Folge: die BRep wäre bloßes Objekt geblieben, die deutschen Interessen wären eventuell zu wenig berücksichtigt worden.

b) Zuerst Wiedervereinigung, dann Anlehnung oder Eingliederung an bzw. in den Westen.
Folge: Verlust der westlichen Sicherheitsgarantien. Zudem musste die Machbarkeit bezweifelt werden, da eine Wiedervereinigung auf diese Weise nur zu erwarten war, wenn sie es der SU ermöglichte, ihr System auf ganz Deutschland zu übertragen.

„Die Eingliederung der Bundesrepublik in den Westen kann nur zu einer Vertiefung der Spaltung Deutschlands führen." (Erich Ollenhauer, SPD, im BT am 19. März 1953; zit. nach Schmid, a.a.O., Bd. 4, S. 179, Q. 49)

c) Vorrangige Integration in den Westen.
Folgen:
- Zurückgewinnung des außenpolitischen Spielraums;
- Unterstützung der Westmächte für die Bonner Deutschlandpolitik;
- andererseits Festigung der Teilung.

„Die Ereignisse in Korea lassen befürchten, dass die Russen eines Tages die Macht ergreifen werden... Wir müssen die Notwendigkeit der Schaffung einer starken deutschen Verteidigungskraft erkennen.“ (Adenauer in einem Interview vom 17. August 1950; zit. nach Schmid, a.a.O., S. 201, Q. 37)

Über die verschiedenen Möglichkeiten und Wege, vor allem über die dritte, der Adenauer den Vorzug gab, entstanden heftige Diskussionen im Volk und im Parlament. Die Entscheidung wurde durch drei aktuelle Ereignisse erleichtert:

- Der Kalte Krieg, speziell die Blockade Berlins, die immer noch nachwirkte;
- der Marshall-Plan. Seine Annahme bedeutete bereits eine Entscheidung für die Westintegration;
- der Koreakrieg (1950–1953).

4 Das Petersberger Abkommen

Text auszugsweise bei Schmid, a.a.O., S. 201, Q. 31; Vogelsang, a.a.O., S. 113

Ziel: Aufteilung von Kohle, Koks und Stahl

Den ersten Schritt in Richtung Gleichberechtigung tut Adenauer durch seinen Beitritt in die „Internationale Ruhrbehörde“, die 1949 ihre Arbeit aufnimmt und der neben den westlichen Siegermächten die Benelux-Staaten angehören.

24. November 1949

Der Beitritt wird durch das so genannte „Petersberger Abkommen“ zwischen der Bundesrepublik und den sechs anderen Staaten vollzogen.

Inhalt:

- Erhebliche Einschränkung der Demontagen;
- Möglichkeit der Bundesrepublik, Mitglied in internationalen Organisationen zu werden;
- Recht, konsularische Beziehungen zu anderen Staaten aufzunehmen;
- Beitritt der BReg zum Europa-Rat (als assoziiertes Mitglied).

vollzogen am 7. Mai 1950

5 Der Pleven-Plan

Bodensieck I, Nr. 47
Vogelsang, a.a.O., S. 131 f.
Loth, a.a.O., S. 275 ff.
Info 256, S. 15 ff.

- Bei der Gründung der NATO (4. April 1949) schlägt der französische Ministerpräsident René Pleven eine europäische Armee zur Verteidigung Westeuropas unter Beteiligung der Westdeutschen vor.
- Adenauer befürwortet einen westdeutschen Beitrag, macht den Beitritt jedoch von bestimmten Forderungen abhängig (Deutschland-Vertrag, siehe S. 71 f.).
- Die Diskussion und die Annahme des Pleven-Plans im Bundestag ist in engem Zusammenhang mit dem von Adenauer geforderten Deutschland-Vertrag zu sehen. Zwischen beiden Verträgen besteht ein Junktim (siehe S. 138).

Europäische Verteidigungsgemeinschaft (EVG)

Beendigung des Besatzungsstatus; größerer außenpolitischer Spielraum

Unterzeichnung des Vertrags am 27. Mai 1952 durch Frankreich, Italien, BRep und die Benelux-Staaten

- In der BRep führt die Ratifizierung des EVG-Beitritts zu heftiger Opposition im Parlament und im Volk. Vor allem die Wiederbewaffnung und Wiederaufrüstung stößt sieben Jahre nach Kriegsende auf die Ablehnung weiter Kreise.
  Die SPD kritisiert, dass der Vertrag die bisherigen Verhältnisse festschreibe und schlägt statt dessen vor, sich dem Westen in einer Weise zu verbinden, die der Osten nicht bedrohlich zu finden brauche.

Parolen: „Nie wieder Krieg!“, und „Ohne mich!“,

- Letztendlich scheitert der Vertrag am französischen Parlament, das ihn am 30. August 1954 nicht ratifiziert.
  Wichtig war jedoch, dass die BRep ihre Bereitschaft bekundet hatte, innerhalb des Westens an einer europäischen Neuordnung mitzuarbeiten. Der Gewinn bestand in der Anerkennung als gleichberechtigter Partner durch die westlichen Länder.

Gründe:
Fehlen Großbritanniens;
Wiederbewaffung Deutschlands;
Eingliederung Frankreichs in eine supranationale Organisation

6 Der Deutschland-Vertrag

auch General- oder Bonner Vertrag genannt

- Am 8. Februar 1952 konkretisierte der BT seine Forderungen im Zusammenhang mit einem Beitritt zur EVG:

Vogelsang, a. a. O., S. 133 f.;
Text: Salzmann, a. a. O., Nr. 29

  a) Beendigung der Besatzung;
  b) Herstellung der inneren und äußeren Souveränität der BRep;
  c) Rückgabe der vollen Gesetzgebungshoheit;
  d) Aufhebung aller diskriminierender Beschränkungen auf dem Gebiet der industriellen Produktion und der Forschung;
  e) Sicherung Berlins als Teil der BRep;
  f) ein wiedervereinigtes Deutschland, das eine freiheitlich-demokratische Verfassung ähnlich der der BRep besitzt und das in die europäische Gemeinschaft integriert ist.

Adenauer über den Vertrag: „Der erste Schritt zur Wiedervereinigung.“

- Der am 26. Mai 1952 in Bonn unterzeichnete „Vertrag zwischen der Bundesrepublik Deutschland und den Drei Mächten“, der nach langen und schwierigen Revisionsverhandlungen schließlich am 23. Oktober 1954 in Kraft trat, sicherte alle diese Forderungen zu. Die Westmächte behielten sich jedoch die von ihnen bisher ausgeübten Rechte und Verantwortlichkeiten in Bezug auf Berlin und Deutschland als Ganzes einschließlich der Wiedervereinigung und einer friedensvertraglichen Regelung vor. Ihre Truppen blieben

Der Sozialdemokratische Pressedienst:
„Die Kluft wird vertieft ... Das deutsche Volk hat keinen Anlass zum Jubeln. Die Unterzeichnung des Generalvertrags erschwert die Wiedervereinigung Deutschlands in Frieden und Freiheit und vertieft die Kluft, die die Bundesrepublik von den achtzehn Millionen in der Sowjetunion trennt.“
(zit. nach: FAZ vom 27. Mai 1952)

auch weiterhin in Deutschland stationiert, um dessen Sicherheit zu gewährleisten.

– Der Vertrag stieß bei vielen Bürgern, vor allem aber bei der Opposition, auf Ablehnung oder wurde zumindest skeptisch beurteilt, da man eine endgültige Zementierung der deutschen Spaltung befürchtete.

Loth, a.a.O., S. 318ff.
Vogelsang, a.a.O., S. 148ff.
Hillgruber, a.a.O., S. 65ff.
Info 256, S. 17f.

7 Die Pariser Verträge

s. S. 89ff.

– Trotz zahlreicher ostdeutscher und sowjetischer Initiativen zwischen 1950 und 1954, die eine Integration der BRep in den Westen verhindern sollten, vollzog sich die Einigung des westlichen Europas und die von Adenauer gewünschte forcierte Eingliederung der BRep kontinuierlich.
– Hand in Hand damit ging die Erlangung der staatlichen Souveränität der BRep.

20.–23. Oktober 1954 Teilnehmer: F, GB, Benelux, I, BRep, Kanada, USA

– Beide Entwicklungen fanden ihren Höhepunkt auf der von der britischen Regierung initiierten Konferenz in Paris, die als Ergebnis die so genannten Pariser Verträge brachte. Sie bestehen aus fünf Komplexen:

F – BRep

a) Von zwei Parteien unterzeichnete Dokumente. Gegenstand: Beilegung deutsch-französischer Streitfragen (kulturelle, wirtschaftliche und andere Schwierigkeiten) und besonders Regelung der Saarfrage: Das Saarland erhält einen europäischen Status. Alle demokratischen Rechte sind dort wiederherzustellen (= Saarstatut).

BRep, F, GB, USA

b) Von vier Parteien unterzeichnete Dokumente über die deutsche Souveränität. Hierbei handelt es sich um eine Neufassung des Deutschland-Vertrags vom 26. Mai 1952, wodurch die Besatzung der BRep endgültig beendet wird und sie ihre volle Souveränität erhält.

Vorbehalte wie 1952

F, GB, Benelux

c) Von fünf Parteien unterzeichnete Dokumente. Gegenstand: Einladung an die BRep und an Italien, dem Brüsseler Vertrag von 1948 beizutreten.

Der 3. und 4. Komplex werden häufig als Einheit gesehen.

d) Von sieben Parteien unterzeichnete Dokumente. Gegenstand: Beitrittserklärungen der BRep und Italiens zum Brüsseler Vertrag sowie Erweiterung des Brüsseler Vertrages zur Westeuropäischen Union (WEU).

e) Von den insgesamt 14 Mitgliedstaaten der NATO unterzeichnete Dokumente, die den Beitritt der

BRep bzw. dessen Voraussetzungen und Folgen zum Gegenstand haben:
- Verzicht auf ABC-Waffen (atomare, biologische und chemische Waffen);
- Akzeptierung des defensiven Charakters des Bündnisses;
- Unterstützung der Bonner Deutschlandpolitik.

Emblem BRD

8 Die Souveränität

Im Anschluss an die Pariser Verträge erklärten die Westmächte, denen sich die übrigen NATO-Partner anschlossen, als grundsätzliche Ziele ihrer Deutschland-Politik:
a) die Anerkennung der Bundesregierung als einzige deutsche Regierung;
b) eine friedensvertragliche Regelung für Gesamtdeutschland;
c) die Wiedervereinigung;
d) die Garantie der Sicherheit der Bundesrepublik und Berlins.

Die Pariser Verträge wurden daraufhin vom Bundestag ratifiziert und traten am 5. Mai 1955 in Kraft. Damit erlangte die BRep ihre staatliche Souveränität.

„Bis zum Abschluss der friedensvertraglichen Regelung werden die Unterzeichnerstaaten zusammenwirken, um mit friedlichen Mitteln ihr gemeinsames Ziel zu verwirklichen: Ein wiedervereinigtes Deutschland, das eine freiheitlich-demokratische Verfassung ähnlich wie die Bundesrepublik besitzt und das in die europäische Gemeinschaft integriert ist." (Vertrag zwischen der Bundesrepublik Deutschland und den Drei Mächten; zit. nach Salzmann, a.a.O., Nr. 29)

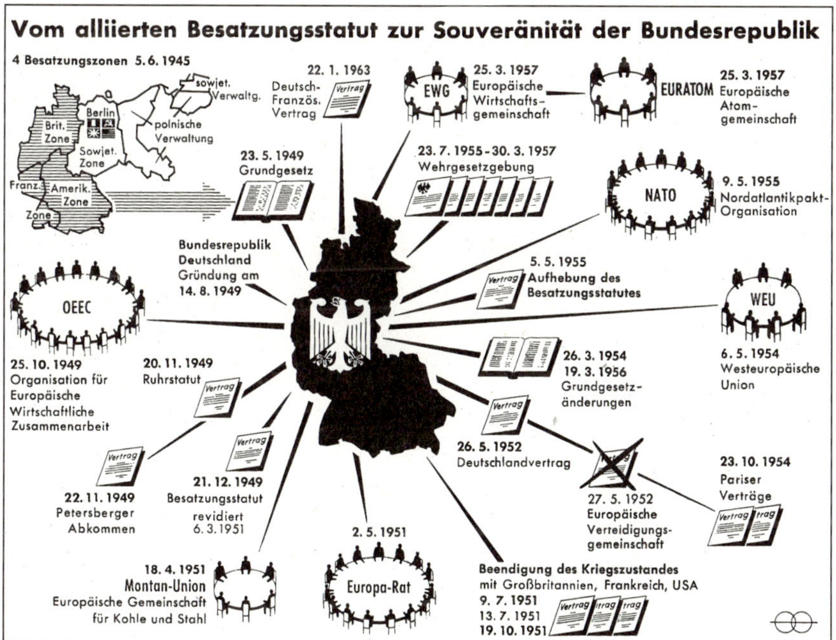

9 Zusammenfassung

- Die außen- und deutschlandpolitische Entwicklung der BRep trug in den Jahren 1949–1955 deutlich provisorischen Charakter. Dies zeigen Bezeichnungen wie „Westdeutschland“ oder „Westzonen“.
- Die Ansicht, die auch von den Verbündeten unterstützt wurde, dass nämlich die BRep aufgrund ihrer demokratischen Entstehung und ihres freiheitlichen Ordnungssystems allein berechtigt sei, für das ganze deutsche Volk zu sprechen, wurde in der BRep allgemein akzeptiert. Sie bildete die Grundlage und die Ausgangsbasis für den Alleinvertretungsanspruch. *s. S. 114*
- Trotz heftiger und teilweise erbitterter Debatten über die Verfassung, die Westintegration, den militärischen Beitrag und den richtigen Weg zur Erreichung der Wiedervereinigung überwog in der breiten Masse des Volkes das Interesse an der sozial- und wirtschaftspolitischen Entwicklung.

Die DDR und das Berlin-Problem 7

1 Entstehung und Entwicklung der DDR bis zur Mitte der fünfziger Jahre

Info 259, S. 48

Die Verfassung:

Das Jahr 1948/49 brachte in der DDR wesentliche Veränderungen des politischen Systems, der Wirtschafts- und Gesellschaftsordnung. Zum Instrument dieser Veränderungen im politischen Bereich wurde die Volkskongressbewegung.

1. Volkskongress: Dezember 1947
2. Volkskongress: März 1948
3. Volkskongress: Mai 1949

Der von der SED gesteuerte und aus dem zweiten Volkskongress hervorgegangene Volksrat bezeichnete sich am 19. Juni 1948 als „die berufene Repräsentation für ganz Deutschland". Ein von ihm eingesetzter Ausschuss erarbeitete Richtlinien für die Verfassung der DDR, die sich im Wesentlichen auf einen von der SED 1946 ausgearbeiteten Entwurf bezogen. Mit der einstimmigen Annahme dieser Richtlinien durch den Volksrat existierte die Verfassung der DDR.

Offizielle Gliederung der Geschichte der DDR:
1. 1945–1949: Die Befreiungstat der SU. Der Kampf der Arbeiterklasse und ihrer Verbündeten unter Führung der SED um die antifaschistisch-demokratische Umwälzung.
2. 1949–1961: Die Gründung der Deutschen Demokratischen Republik. Das Ringen... um die Errichtung der Grundlagen des Sozialismus.
3. seit 1961/62: Das Ringen um die Gestaltung der entwickelten sozialistischen Gesellschaft in der DDR... Die Festigung der internationalen Position der DDR.
(zit. nach Schmid, Bd. 4, a. a. O., S. 211, Q. 109)

Entwicklung der Parteien:

Zulassung der Nationaldemokratischen Partei, die aus ehemaligen Offizieren, NSDAP-Mitgliedern und Bürgerlichen bestand, und der Demokratischen Bauernpartei Deutschland (1948). Beide wurden sofort von der SED in den antifaschistisch-demokratischen Block eingegliedert, in dem die SED durch die Eingliederung von Massenorganisationen (Freier Deutscher Gewerkschaftsbund, Freie Deutsche Jugend etc.) ihre Herrschaft weiter ausbaute.

Die Veränderung des wirtschaftlichen Systems:

Vor allem in den Jahren 1947/48 betrieb die SED durch die von ihr maßgeblich besetzte und kontrollierte Deutsche Wirtschaftskommission (DWK) die Durchsetzung der zentralen Planwirtschaft und den Ausbau der volkseigenen Industrie. Dies geschah durch eine „Vereinheitlichung" mittels Prozessen, Einschüchterung und zwangsweiser Verstaatlichung. Seit 9. März 1948 konnte die DWK mit sowjetischer Billigung verbindliche Verfügungen erlassen, war also eine Art Vorregierung. Sie erließ Mitte 1948 den ersten Halbjahresplan, für 1949/50 einen Zweijahresplan.

Emblem DDR

Daten zur Entstehung der DDR:
7. Oktober 1949:
Gründung der DDR
11. Oktober:
Wilhelm Pieck wird Präsident.
12. Oktober:
Ministerpräsident Otto Grotewohl stellt seine Regierung vor.
15. Oktober:
Austausch diplomatischer Vertreter zwischen der UdSSR und der DDR

Die Konstituierung der DDR:

Im Jahr 1949 ist der Übergang zur volksdemokratischen Ordnung abgeschlossen:
- Die SED hat eine uneingeschränkte Machtposition (Suprematie);
- die ökonomische und die gesellschaftliche Struktur sind im Wesentlichen sozialistisch.

Damit sind die Voraussetzungen für einen eigenen Staat (nach sowjetischem Muster) geschaffen. Er soll durch die Wahlen zum dritten Volkskongress (15./16. Mai) bestätigt werden. Die Wahl wird manipuliert, indem die Annahme oder Ablehnung der Blockliste, die alle Parteien- und Massenorganisationen umfasste, mit der Suggestivfrage gekoppelt wird, ob der Wähler für die Einheit Deutschlands und einen Friedensvertrag sei.
Trotz einer erneuten Überprüfung erbringt die Wahl nur 66 % Ja-Stimmen, was als Niederlage der SED anzusehen ist. Der aus diesen Wahlen hervorgegangene Deutsche Volksrat konstituiert schließlich unter Wilhelm Pieck, der auch erster Präsident wird, die DDR. Regierungschef wird Otto Grotewohl, sein Stellvertreter Walter Ulbricht.

Die weitere Entwicklung der DDR in ihren Grundzügen:

- Nach der Konstituierung der DDR wird die SMAD aufgelöst, jedoch durch die „Sowjetische Kontrollkommission" ersetzt, die nicht mehr massiv in die Entwicklung der DDR eingreift.
- Die im März beschlossene Verfassung wird offiziell. Charakteristika: Bürgerlich-demokratisch, zumindest dem Buchstaben nach; Gewaltenkonzentration; allgemeine, gleiche, geheime Wahl nach dem Verhältniswahlrecht; Staatsgewalt geht vom Volk aus; Garantie der Grundrechte.
- Systematischer Ausbau des Staatsapparates und Besetzung wichtiger Stellen durch SED-Mitglieder.
- Ausbau der Deutschen Volkspolizei zur Kasernierten Volkspolizei (KVP).
- Aufbau des Staatssicherheitsdienstes (SSD) mit dem wichtigsten Organ Ministerium für Staatssicherheit (MfS). Der Staatssicherheitsdienst wird personell an

die SED gebunden. Er überwacht das öffentliche Leben und dient der Ausschaltung der Opposition.

- Für die Wahl zur Volkskammer (Parlament) am 15. Oktober 1950 existiert nur noch eine Einheitsliste. Die Parlamentsmandate werden bereits vor der Wahl folgendermaßen festgelegt: SED 25 %, CDU, LDPD je 15 %, NDPD, DBD je 7,5 %; der Rest verteilt sich auf die Massenorganisationen. Ergebnis der Wahl: 99,72 % Ja-Stimmen.
- 1952 treten an die Stelle der 5 Länder (Brandenburg, Mecklenburg, Sachsen, Sachsen-Anhalt, Thüringen) 15 Verwaltungsbezirke.

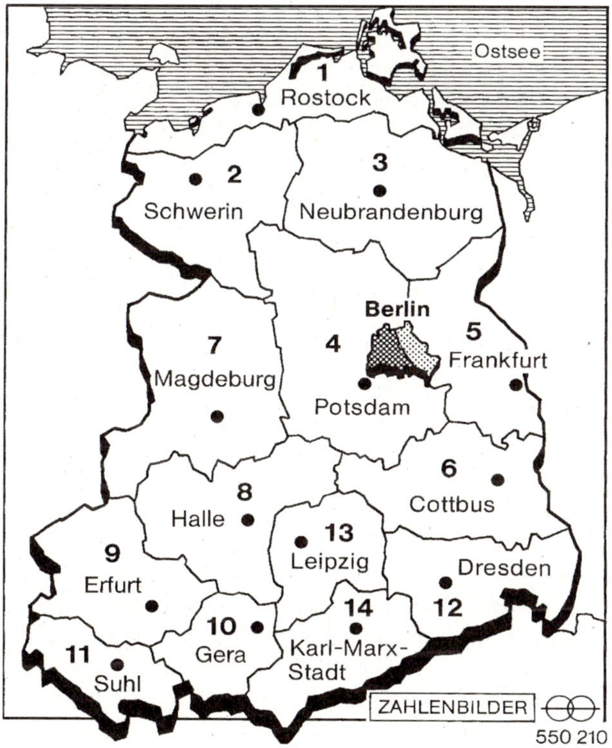

Die Verwaltungsstruktur der DDR

Nach der gescheiterten Berliner Außenminister-Konferenz verlieh die SU am 25. März 1954 der DDR die Souveränität. Sie konnte nun „nach eigenem Ermessen über ihre inneren und äußeren Angelegenheiten" bestimmen.

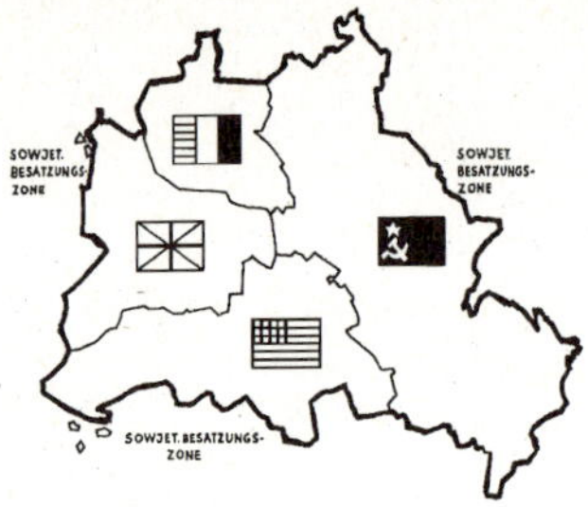

Die Berliner Sektoren

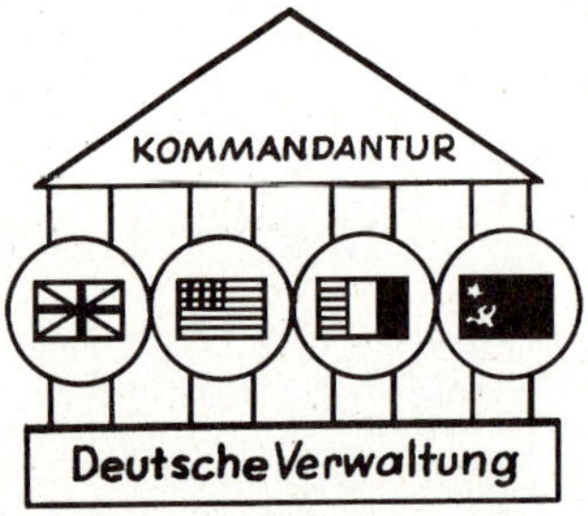

2 Berlin: Rechtsgrundlagen und Krisen

Rechtsgrundlagen:

12. September 1944: Im Londoner Protokoll werden zwischen den USA, der SU und Großbritannien (Frankreich tritt später dazu) die Besatzungszonen in Deutschland und die Sektoren in Berlin festgelegt.

14. November 1944: Durch das 2. Londoner Protokoll über Berlin wird die Verwaltung der Stadt durch eine gemeinsame Kommandantur bestimmt.

30. November 1945: Beschluss des Kontrollrats über die Luftkorridore zwischen Berlin und Hamburg, Hannover, Frankfurt.
Inhalt: Flüge, die auf diesen Strecken von alliierten Flugzeugen durchgeführt werden, müssen nicht angekündigt werden.

4. Mai 1949: Viermächteverhandlungen in New York bestätigen den Status der Stadt und den freien Zugang für alliiertes Militärpersonal.

23. Mai 1949: Vorbehalte der westlichen Besatzungsmächte gegen Art. 23 des Grundgesetzes, der als Geltungsbereich auch Groß-Berlin als Bundesland aufzählt: Nach westlicher Auffassung ist Berlin kein konstitutiver (verfassungsrechtlich begründbarer) Teil der Bundesrepublik. Seine Vertreter im BT sind nicht stimmberechtigt, Berlin wird nicht durch den Bund regiert.
Die Auffassung der BRep, wie sie in Art. 23, 127 und 144, Absatz 2 und im Urteil des Bundesverfassungsgerichts vom 27. Mai 1957 zum Ausdruck kam, stand im Widerspruch hierzu. In der Praxis machte sich diese unterschiedliche Auffassung kaum bemerkbar, da zwischen der Bundesrepublik, Westberlin und den Westmächten ein hohes Maß an Übereinstimmung bestand.

Ebenso in den Verfassungen von 1968 und 1974, Art. 1: „Die Hauptstadt der Deutschen Demokratischen Republik ist Berlin."

7. Oktober 1949: Berlin wird in der DDR-Verfassung als Hauptstadt der DDR bezeichnet.

1. September 1950: Art. 1 der Verfassung von (West-)Berlin stellt fest: „Berlin ist ein Land der Bundesrepublik Deutschland. Grundgesetz und Gesetze der Bundesrepublik Deutschland sind für Berlin bindend."

s. S. 119ff.

3. September 1971: Viermächte-Abkommen über Berlin

s. S. 132

3. Oktober 1990: Mit der Vereinigung Deutschlands endet der Sonderstatus von Berlin als Viermächte-Stadt.

s. S. 136

Berlin wird (laut Einigungsvertrag) Hauptstadt des vereinigten Deutschlands.

Krisen:

s. S. 49 f.

24. Juni 1948: Blockade Berlins

17. Juni 1953: Protest der Bauarbeiter in der Ostberliner Stalinallee gegen die Erhöhung der Arbeitsnormen. Er greift auf ganz Ostberlin und die DDR über und konzentriert sich bald auf politische Forderungen (z.B. freie Wahlen). Der Aufstand scheitert noch am selben Tag am Einsatz der Roten Armee.
Ergebnis: Harte Abgrenzung nach außen, Säuberungswelle im Inneren (Verhängung von 100 Todesstrafen). Die DDR-Propaganda führte den Aufstand darauf zurück, dass es „[westlichen] Agenten gelang… in Berlin und einigen anderen Orten der Republik [genau genommen waren es 270] einen kleinen Teil der Werktätigen zu zeitweiligen Arbeitsniederlegungen und Demonstrationen zu verleiten… Gruppen von Provokateuren und Kriminellen… legten Brände… und forderten den Sturz der Arbeiter- und Bauern-Macht… Durch das entschlossene Handeln der fortgeschrittensten Teile der Arbeiterklasse… und gemeinsam mit sowjetischen Streitkräften und bewaffneten Organen der DDR brach der konterrevolutionäre Putsch innerhalb von 24 Stunden zusammen.“ (Geschichte, Lehrbuch für Klasse 10, Ostberlin 1973, S. 170)

Steine gegen sowjetische Panzer

10. November 1958: Chruschtschow fordert in Moskau eine Revision des Potsdamer Abkommens, um eine „normale Lage in der Hauptstadt der DDR“ zu schaffen.

27. November 1958: Berlin-Ultimatum Chruschtschows s. S. 100 f.

27. September 1960: Die SU erklärt in Noten an die Westmächte, dass sie sich nicht mehr an das Viermächteabkommen von 1949 (sowjetische Verantwortlichkeit für Ostberlin) gebunden fühle.

3./4. Juni 1961: Chruschtschow kündigt Kennedy in Wien an, die SU werde noch im gleichen Jahr einen separaten Friedensvertrag mit der DDR schließen. Danach seien Fragen der Verkehrswege mit der DDR zu regeln (= Zwang zur Anerkennung).

13. August 1961: Bau der Mauer s. S. 105 f.

7. Oktober 1989: Beginn der Revolution in Ost-Berlin s. S. 128 ff.

8 Auswirkungen des Ost-West-Konflikts auf die Deutschlandpolitik der fünfziger Jahre

Loth, a.a.O., S. 216f.

1 Die Formation der Blöcke

1.1 Die Entstehung der Blöcke: Ursachen und Gründe

Westliche Sicht:

- Die SU wollte die unbeschränkte Ausdehnung der Macht und ihrer Ideologie;
- hierbei wurden expansive Tendenzen der SU und der internationalen kommunistischen Organisationen deutlich;
- die SU verfolgte ihre Sicherheitsinteressen ohne Rücksicht auf die ost- und südosteuropäischen Staaten;
- aus diesen Gründen war ein Vorgehen gegen den sowjetischen Totalitarismus notwendig;
- als Folge ergab sich daraus die Beschleunigung des westeuropäischen bzw. atlantischen Bündnisses, was wiederum sowjetische Gegenmaßnahmen auslöste.

Beispiele:
Politischer Druck auf Persien zur Aufrechterhaltung der Besetzung Nordpersiens durch die SU; die SU schürt den Partisanenkrieg in Griechenland; Staatsstreich in der CSSR; Berlinblockade; territoriale Forderungen gegenüber der Türkei (Flottenstützpunkt am Bosporus)

Östliche Sicht:

- Der 2. Weltkrieg brachte als wesentliches Ergebnis die Schwächung des imperialistischen Lagers und die Stärkung des sozialistischen;
- um dieses Ergebnis zu revidieren, gingen die USA zu einer unverhüllten Expansionspolitik über, deren Endziel die alleinige Weltherrschaft sein sollte;
- als Mittel zur Erreichung dieses Ziels setzten die USA die atomare Erpressung, einen antikommunistischen Kreuzzug, den Marshall-Plan (als Versuch der wirtschaftlichen und damit politischen Versklavung) und die Truman-Doktrin ein;
- die „Remilitarisierung“ der Bundesrepublik machte die vom Westen ausgehende Gefahr deutlich.

vgl. hierzu die stalinistische Beurteilung der Außenpolitik der KPdSU durch den Sekretär der KPdSU, M. Malenkow, vor Vertretern einiger kommunistischer Parteien Ende September 1947 in Polen (in: Bodensieck III, Nr. 21) sowie die während derselben Tagung verkündete 2-Lager-Theorie Shdanows, in: Info 189, S. 11

Neutrale Sicht:

- Überlagert werden diese subjektiven Gründe von der Tatsache, dass die beiden Gesellschaftssysteme bzw. die ihnen zugrunde liegenden Ideologien antagonistisch waren, sich gegenseitig abstießen und

- dass die aus der historischen Situation von 1939–1945 entstandenen Interessen unvereinbar waren: Die SU wollte die atomare, generell die militärische Gleichstellung, die weltweite Verbreitung der marxistischen Ideologie, die Abschirmung ihres eigenen Sicherheitsbereichs. Die USA wollten die Weltwirtschaft wieder in Gang setzen, ihre Position als führende Wirtschafts- und Militärmacht erhalten bzw. ausbauen. Ein friedliches Nebeneinander oder gar Miteinander in dieser Situation war unmöglich;
- nach dem Scheitern ihrer deutschlandpolitischen Konzeption (Neutralisierung der BRep und dadurch machtpolitisches Vakuum in Mitteleuropa) richtete die SU ihr Hauptaugenmerk auf die Konsolidierung ihres eigenen Machtbereichs;
- die straffe Führung und Kontrolle der Satellitenstaaten durch die SU konnte durch einen von Moskau gesteuerten multilateralen Beistandspakt wirksamer gemacht werden;
- mit dem Warschauer Pakt sollte eine Plattform geschaffen werden, um die Einheit und Geschlossenheit der Ostblockstaaten zu dokumentieren.

vgl. die Initiativen der Staaten des Warschauer Pakts in den sechziger Jahren, s. S. 107

1.2 Die militärische und wirtschaftliche Integration der beiden deutschen Staaten

Sehr informativ: Info 189, 190; NATO-Vertrag bei Bodensieck III, Nr. 48–50; Warschauer-Pakt-Vertrag ebenda, Nr. 24; EWG: ebenda, Nr. 53 und S. 64f.

Als Ergebnis dieser Entwicklungen bildeten sich nach 1945 die militärischen Bündnisse (NATO, Warschauer Pakt) sowie die wirtschaftlichen Zusammenschlüsse (EWG/EG, RgW) heraus. Auf beiden Ebenen lieferten die deutschen Staaten einen wesentlichen Beitrag.

a) Die militärische Integration:

		West	Ost
1948	17.3.	Brüsseler Verträge	Keine mil. Einbeziehung der DDR in das Vertragssystem der Ostblockstaaten (Verträge mit der SU und untereinander). Grund: Die deutsche Frage soll offen gehalten werden.
1949	4.4.	Gründung der NATO	
1952	27.5.	die BRep tritt der EVG bei	
1954	23.10.	NATO-Mitgliedschaft der BRep beschlossen	
1955	5.5.	die BRep ist NATO-Mitglied	14.5. Gründung des Warschauer Pakts
1956	1.4.	Wehrpflichtgesetz	28.1. die DDR wird Mitglied

b) Die wirtschaftliche Integration:

		West		Ost
1947	5.6.	Marshall-Plan	9.6.	Absage des Marshall-Plans
1948	20.6.	Bank deutscher Länder	24.6.	Deutsche Notenbank
1949	31.10.	Beitritt der BRep zur OEEC	25.1.	Gründung des RgW (s. S. 139)
1950	8.7.	Die BRep tritt dem Europarat als assoziiertes Mitglied bei (BRep ist Mitglied)		
	19.9.	Gründung der Europäischen Zahlungsunion	28.9.	Beitritt der DDR zum RgW
1951	18.4.	Montanunion (Vertrag über die Europäische Gemeinschaft für Kohle und Stahl = EGKS)		
1957	25.3.	Durch die Römischen Verträge werden die EWG und Eurotom gegründet. Die BRep ist Gründungsmitglied.		

Faktoren, die das Verhältnis der Weltmächte nach 1945 beeinflussten:

- *1945 Potsdam, Gründung der UNO*
- *1947 Bürgerkrieg in Griechenland; Marshall-Plan; Truman-Doktrin*
- *1948 Blockade Berlins; Beginn des israelisch-arabischen Konflikts*
- *1949 SU zündet erste Atombombe; China wird kommunistische Volksrepublik; Gründung der BRep und der DDR*
- *1950 Ausbruch des Koreakrieges (bis 1953)*
- *1954 Indochina-Krieg*
- *1955 Gründung des Warschauer Pakts*
- *1957 Sputnik-Schock*
- *1958 Berlin-Ultimatum*
- *1961 Bau der Berliner Mauer*
- *1962 Kuba-Krise*
- *1964 Die USA greifen im Vietnam-Krieg ein*

1.3 Die Bedeutung der Blöcke für die Deutschlandpolitik

Deutschlandpolitik war in den ersten Nachkriegsjahren eine Angelegenheit der Siegermächte, die versuchten, ihre unterschiedlichen deutschlandpolitischen Langzeitkonzeptionen in ihren Zonen durchzusetzen. Gegen Ende der vierziger Jahre, mit der Herausbildung der beiden Blöcke, änderte sich auch der Bezugsrahmen der Deutschlandpolitik. Der sich anbahnende Polarisierungsprozess führte dazu, dass die deutsche Frage von der Ausbildung der Blöcke überlagert wurde. Nach deren Etablierung und Konsolidierung um die Mitte der fünfziger Jahre trat die Deutschlandpolitik dann wieder, nun allerdings in einem größeren Rahmen, in den Vordergrund. Allerdings war sie inzwischen zu einem Teilproblem geworden und hatte deshalb ihre Eigenständigkeit (Entwicklung der beiden deutschen Staaten als rein deutsches Problem) verloren. Sie musste sich nun in wachsendem Maße als *ein* Faktor der Auseinandersetzung zwischen Ost und West den außen- und sicherheitspolitischen Konzepten der beiden Führungsmächte unterordnen. Dies macht die Parallelität des Ost-West-Konfliktes und des deutsch-deutschen Verhältnisses deutlich. Der Kalte Krieg, Entspannungsbemühungen und Kooperation bestimmten in den 40er, 50er und 60er Jahren das Verhältnis der BRep und der DDR.

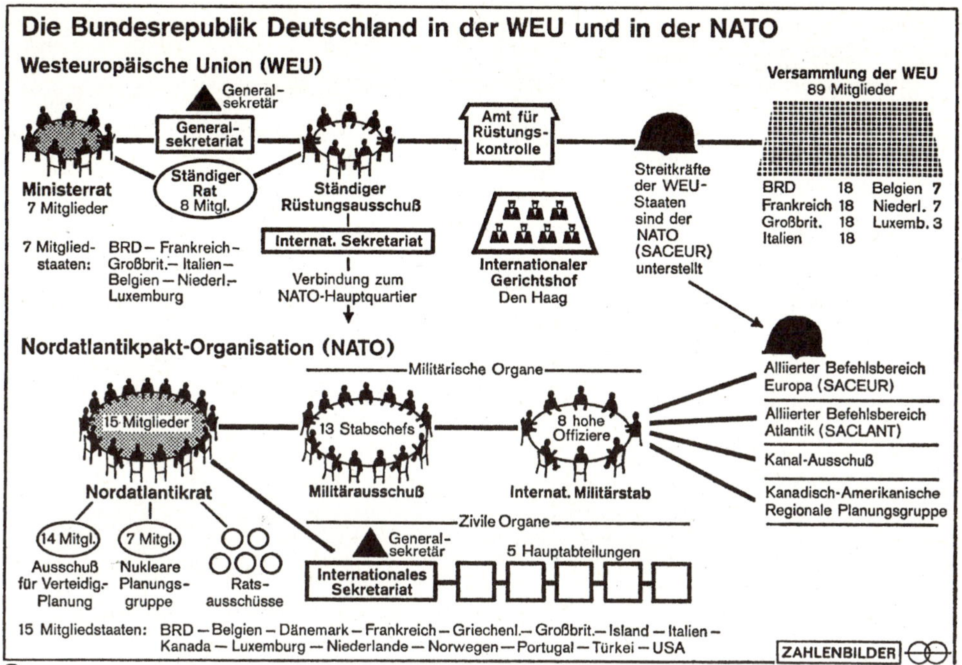
Die Bundesrepublik Deutschland in der WEU und in der NATO
Westeuropäische Union (WEU)
General-sekretär
General-sekretariat
Ständiger Rat 8 Mitgl.
Ministerrat 7 Mitglieder
Ständiger Rüstungsausschuß
Internat. Sekretariat
Verbindung zum NATO-Hauptquartier
Amt für Rüstungs-kontrolle
Internationaler Gerichtshof Den Haag
Streitkräfte der WEU-Staaten sind der NATO (SACEUR) unterstellt
Versammlung der WEU 89 Mitglieder
BRD 18
Frankreich 18
Großbrit. 18
Italien 18
Belgien 7
Niederl. 7
Luxemb. 3
7 Mitglied-staaten: BRD – Frankreich – Großbrit. – Italien – Belgien – Niederl. – Luxemburg
Nordatlantikpakt-Organisation (NATO)
Militärische Organe
15 Mitglieder
Nordatlantikrat
13 Stabschefs
Militärausschuß
8 hohe Offiziere
Internat. Militärstab
Alliierter Befehlsbereich Europa (SACEUR)
Alliierter Befehlsbereich Atlantik (SACLANT)
Kanal-Ausschuß
Kanadisch-Amerikanische Regionale Planungsgruppe
Zivile Organe
14 Mitgl.
Ausschuß für Verteidig.-Planung
7 Mitgl.
Nukleare Planungs-gruppe
Rats-ausschüsse
General-sekretär
Internationales Sekretariat
5 Hauptabteilungen
15 Mitgliedstaaten: BRD – Belgien – Dänemark – Frankreich – Griechenl. – Großbrit. – Island – Italien – Kanada – Luxemburg – Niederlande – Norwegen – Portugal – Türkei – USA
ZAHLENBILDER

100 230

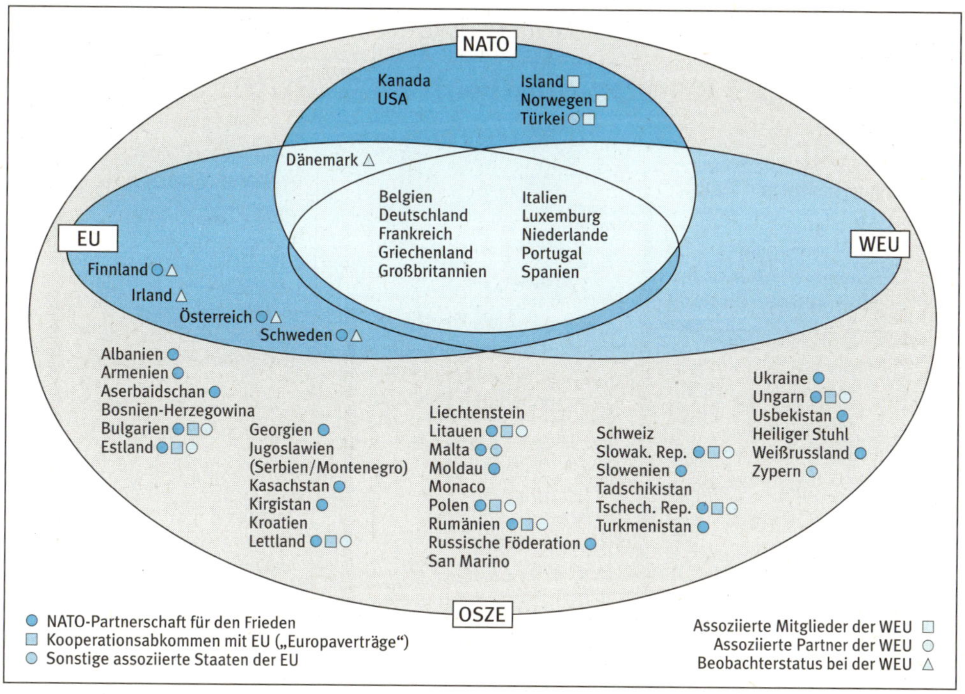
NATO
Kanada
USA
Island □
Norwegen □
Türkei ○□
Dänemark △
Belgien
Deutschland
Frankreich
Griechenland
Großbritannien
Italien
Luxemburg
Niederlande
Portugal
Spanien
EU
WEU
Finnland ○△
Irland △
Österreich ○△
Schweden ○△
Albanien ●
Armenien ●
Aserbaidschan ●
Bosnien-Herzegowina
Bulgarien ●□○
Estland ●□○
Georgien ●
Jugoslawien (Serbien/Montenegro)
Kasachstan ●
Kirgistan ●
Kroatien
Lettland ●□○
Liechtenstein
Litauen ●□○
Malta ●●
Moldau ●
Monaco
Polen ●□○
Rumänien ●□○
Russische Föderation ●
San Marino
Schweiz
Slowak. Rep. ●□○
Slowenien ●
Tadschikistan
Tschech. Rep. ●□○
Turkmenistan ●
Ukraine ●
Ungarn ●□○
Usbekistan ●
Heiliger Stuhl
Weißrussland ●
Zypern ●
OSZE
● NATO-Partnerschaft für den Frieden
□ Kooperationsabkommen mit EU („Europaverträge“)
● Sonstige assoziierte Staaten der EU
Assoziierte Mitglieder der WEU □
Assoziierte Partner der WEU ○
Beobachterstatus bei der WEU △

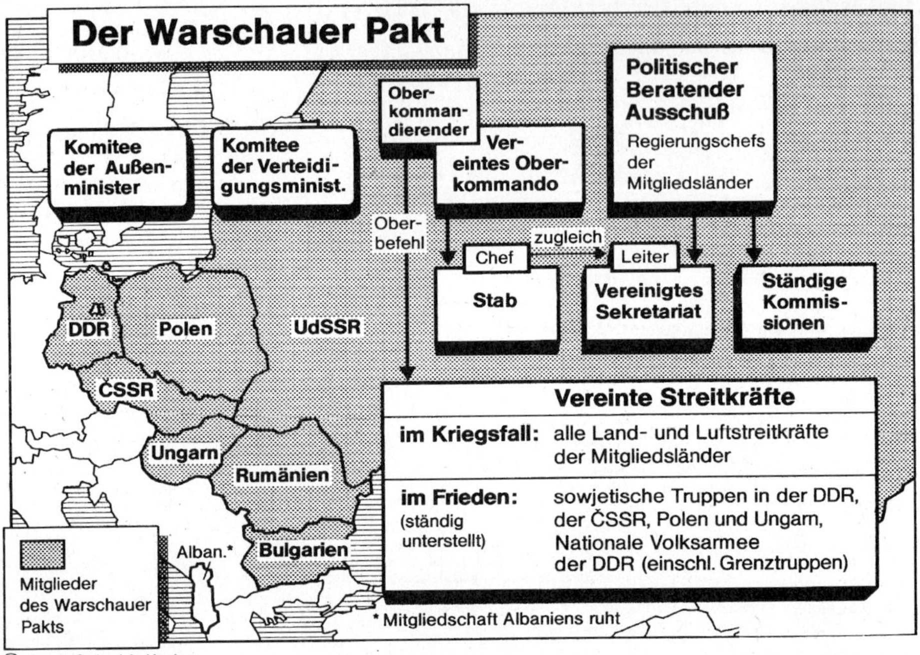

Der Warschauer Pakt
Komitee der Außenminister
Komitee der Verteidigungsminist.
Oberkommandierender
Vereintes Oberkommando
Politischer Beratender Ausschuß
Regierungschefs der Mitgliedsländer
Oberbefehl
Chef
zugleich
Leiter
Stab
Vereinigtes Sekretariat
Ständige Kommissionen
DDR
Polen
UdSSR
ČSSR
Ungarn
Rumänien
Bulgarien
Alban.*
Vereinte Streitkräfte
im Kriegsfall: alle Land- und Luftstreitkräfte der Mitgliedsländer
im Frieden: (ständig unterstellt) sowjetische Truppen in der DDR, der ČSSR, Polen und Ungarn, Nationale Volksarmee der DDR (einschl. Grenztruppen)
Mitglieder des Warschauer Pakts
* Mitgliedschaft Albaniens ruht

Die DDR im sozialistischen Staatensystem
Warschauer Pakt
Mehrseitiger Vertrag über Freundschaft, Zusammenarbeit und gegenseitigen Beistand
Mitglieder seit
UdSSR 1955
Bulgarien
Polen 1955
Rumänien 1955
Tschechoslowakei . 1955
Ungarn 1955
DDR 1956
Zweiseitige Verträge über Freundschaft, Zusammenarbeit und gegenseitigen Beistand
zwischen DDR und:
UdSSR ..... (1955)/64/75
Bulgarien 1967/77
Polen 1967/77
Tschechoslow. .. 1967/77
Ungarn 1967/77
Rumänien 1972
RGW/COMECON
Rat für gegenseitige Wirtschaftshilfe
Mitglieder seit
UdSSR 1949
Bulgarien 1949
Polen 1949
Rumänien 1949
Tschechoslowakei . 1949
Ungarn 1949
DDR 1950
Mongolei 1962
Kuba 1972
Vietnam 1978
ZAHLENBILDER

560 050

2 Außen- und sicherheitspolitische Konstellationen nach 1945

2.1 Die fünfziger Jahre

In den unmittelbaren Jahren nach dem Zweiten Weltkrieg rüsteten die ehemaligen westlichen Alliierten, allen voran die USA, stark ab. Von 1945 bis 1948 sank die Zahl der amerikanischen Soldaten von 12 auf 1,5 Millionen. Die Gründe hierfür waren, dass sich die westeuropäischen Staaten und die USA in keiner Weise bedroht fühlten und dass nach der Niederwerfung Nazi-Deutschlands eine Phase des friedlichen Neben- und Miteinanders aller Völker angestrebt wurde. Zu einer realistischeren Beurteilung der sowjetischen Expansionspolitik führten die Sowjetisierung Ost- und Mitteleuropas, der kommunistische Staatsstreich in der Tschechoslowakei, die Berlin-Blockade und der Ausbruch des Koreakriegs.

22. Februar 1948
Juni 1948–Mai 1949
26. Juni 1950

Vor diesem außen- und sicherheitspolitischen Hintergrund entwickelte George Kennan als Berater des amerikanischen Außenministers die Politik der Eindämmung (containment) der sowjetischen Expansion. Ihr sollte sowohl militärisch (durch Militärhilfe und Bündnispolitik) als auch wirtschaftlich (Marshall-Plan) entgegengetreten werden. Der amerikanische Außenminister John F. Dulles ging mit seiner Politik der liberation (Befreiung) und des roll back (Zurückdrängen des sowjetischen Einflusses) weit über Kennans Konzept hinaus. Konkreter Ausdruck dieser Strategie war das Angebot des amerikanischen Präsidenten, Griechenland und der Türkei militärische Hilfe zu leisten. Es richtete sich gegen die SU und wurde darüber hinaus allen „freien Völkern der Welt" angeboten (Truman-Doktrin).

12. März 1947

s. S. 47

Verschiedene brisante Ereignisse der fünfziger Jahre machten jedoch deutlich, dass diese Politik in Spannungszentren nicht oder nur unter Einsatz von atomaren Waffen der USA realisierbar war. In der 2. Hälfte der fünfziger Jahre hatte die SU hinsichtlich der ABC-Waffen (atomar, biologisch, chemisch) erheblich aufgeholt, eine Langstreckenbomber-Flotte aufgebaut und das Mittelstreckenraketenpotenzial wesentlich verstärkt. Obwohl die SU in den Jahren 1950–53 zunehmend atomare Waffen produzierte, blieb das atomare Übergewicht bei den USA. Abrüstungsvorschläge und -verhandlungen waren von vorneherein zum Scheitern verurteilt, da sich beide Führungsmächte

vgl. Aufstand in der DDR, 1953, die Aufstände in Polen und Ungarn 1956 als „imperialistisch" oder „aggressiv" ansahen und aufgrund zahlreicher weltpolitischer Ereignisse glaubten, sich „auf das Schlimmste" vorbereiten zu müssen.

2.2 Die sechziger Jahre

Sputnik, 4. Oktober 1957

Mit dem Start des ersten Weltraumsatelliten durch die SU begann ein entscheidender Wandel. Die SU erreichte in den folgenden Jahren einen Vorsprung bezüglich der Langstrecken- und Interkontinentalraketen (6000–12 000 km). Jetzt waren die USA erstmalig auf ihrem eigenen Territorium durch atomare Waffen der SU gefährdet. Das nun vorhandene atomare Patt verlangte eine Neukonzipierung der amerikanischen Sicherheitspolitik. Die bisher gültige Strategie der massiven Vergeltung (massive retaliation: sofortiger Einsatz von atomaren Waffen) musste nun dem strategischen Konzept der angemessenen Reaktion (flexible response: stufenförmige, eskalierende Reaktion zunächst auf konventioneller, dann, sofern überhaupt nötig, auf atomarer Ebene) weichen. Diese Entwicklung brachte folgende Ergebnisse:

- Beide Führungsmächte mussten von einer starren Konfrontation zu einer (zumindest bedingten) Kooperation kommen.
- Das Konzept der angemessenen Reaktion bedeutete im Westen notwendigerweise eine Aufrüstung der konventionellen Streitkräfte.
- Das Funktionieren dieser neuen Strategie setzte die Möglichkeiten schnellen Agierens und Reagierens auf der Ebene der verantwortlichen Staatsmänner voraus. Diese Erkenntnis führte zum so genannten heißen Draht zwischen Washington und Moskau.

Juni 1963

vgl. Berliner Mauerbau 1961, Okkupation der CSSR 1968, Afghanistan 1979

vgl. Naher Osten, Vietnam

- Aus diesen Voraussetzungen ergab sich die eindeutige politische Konsequenz, dass der Status quo in Europa die Grundlage des Verhältnisses der beiden Supermächte zueinander bilden musste. Die Anerkennung des Status quo schloss jedoch eine permanente harte Auseinandersetzung in den Randgebieten der Welt und auf politischer, wirtschaftlicher und ideologischer Ebene nicht aus. Daraus entstanden die so genannten Stellvertreterkriege im Nahen Osten, in Afrika und in Asien. Entscheidend ist jedoch seit dieser Zeit das Bestreben, nicht in einen Konflikt mit direkter Konfrontation zu geraten.

2.3 Die siebziger Jahre

Das Gleichgewicht des (atomaren) Schreckens konnte erhebliche Gefahren und weit reichende Probleme nicht verhindern:

- Schwer vergleichbare Waffensysteme und die nicht exakt auszubalancierenden Stärkeverhältnisse der Teilstreitkräfte führten zu steigenden Überkapazitäten auf einzelnen Rüstungssektoren und einer ca. 12-fachen Mehrfachtötungskapazität durch atomare, biologische und chemische Waffen (overkill capacity), bezogen auf die gesamte Menschheit.
- Aufgrund der enormen Summen, die die moderne Rüstung verschlingt, konnten nur die USA und die SU im Rüstungswettlauf mithalten. Dadurch wurde aber das Schicksal der gesamten Menschheit in wachsendem Maße von beiden Großmächten und ihrem Verhältnis zueinander abhängig.
- Die immensen Rüstungskosten zwangen beide Mächte aus innen- und vor allem wirtschaftspolitischen Gründen Rüstungsabsprachen, -abkommen und -verträge anzustreben und zu erreichen.

Rüstungsausgaben 1978 (in Mrd. Dollar):
Warschauer Pakt: 160,4
NATO: 179,9
(davon entfielen auf die SU 146 und auf die USA 108)

Diese Gefahren führten in den siebziger Jahren zu neuen außen- und sicherheitspolitischen Ansätzen für realisierbare Übergangslösungen:

- Ergänzung des Systems der Abschreckung durch ein System von Vereinbarungen (Gewaltverzichtspolitik, SALT, KSZE, MBFR);
- auf beiden Seiten galt: Verteidigung + Entspannung = Sicherheit.

s.S. 110 ff.

2.4 Die achtziger Jahre

Für die achtziger Jahre ergaben sich im Rahmen dieser Entwicklung folgende konkrete Zielsetzungen für die Supermächte:

- Stabilisierung des Gleichgewichts des Schreckens;
- Einbettung der Rüstungskontrollpolitik in den Handel, um auf diese Weise ein gewisses Fundament für die Sicherheit zu erhalten;
- Abschluss von möglichst vielen Verträgen zwischen möglichst vielen Staaten mit dem Ziel, dass auch politische Maßnahmen und nicht nur der Rüstungsstand die große Politik und im Extremfall über Krieg oder Frieden entscheiden;
- Gewaltverzichtspolitik nach außen;
- Reformpolitik nach innen.

2.5 Die neunziger Jahre

Mit der Auflösung der UdSSR zerfiel dieses übersichtliche bipolare System. Seitdem bestimmt eine „neue Unübersichtlichkeit“ die Politik im Osten und Südosten Europas. Während der Westen Europas immer mehr zusammenwächst, zerfällt bzw. verändert sich die staatlich-territoriale Ordnung im Osten. Dies verdeutlichen nicht nur die neuen Republiken der Gemeinschaft unabhängiger Staaten (GUS), der Zerfall der CSR und die Dauerkrisen im Kaukasusgebiet, sondern auch die Kriege auf dem Boden des ehemaligen Jugoslawiens.

seit Anfang der 50er Jahre

Konventionelle Trägersysteme
(Langstreckenbomber, Trägerflugzeuge)

Erste Raketengeneration
(Kurz- bis Mittelstreckenraketen)

Atomares ↓ Übergewicht der USA

Konzept der Massiven Vergeltung
(massive retaliation)

↔

Politik des

CONTAINMENT
(Eindämmen, Eingrenzen)
Globales Pakt- und Stützpunktsystem um den Ostblock

ROLL BACK
(Zurückrollen, Zurückdrängen)
In Spannungszentren nicht realisierbar
(DDR 17.6.1953, Ungarn Oktober 1956)

seit Anfang der 60er Jahre

Zweite Raketengeneration
(Langstrecken-, Interkontinentalraketen, mobile Abschussbasen)

Atomares ↓ Patt

Konzept der Angemessenen Reaktion
(fexible response)

←

Politik des STATUS QUO
Von der KONFRONTATION zur KOOPERATION

für Großmächte:
1. Respektierung der jeweiligen Einflusssphäre
2. Wahrung des politischen Besitzstandes (Berlin 13.8.61, Kuba-Krise Herbst 62, CSSR 21.8.68)
   In Randzonen: weiterhin Streben nach Erhaltung oder Erweiterung des Einfluss- bzw. Machtbereichs; dabei Vermeidung unmittelbarer Konfrontation

für BRD:
3. Territoriale Besitzstandsgarantien
4. Anerkennung der Existenz zweier deutscher Staaten

seit Anfang der 70er und bis in die 80er Jahre

Dritte Raketengeneration
(MIRV/MRV, FOBS, ABM)

gewaltiges | Ansteigen der
Vernichtungs | kapazitäten
(Overkill | capacities)
Hohe Rüstungs | kosten
nahezu nukleare | Parität der Großmächte
↓

Verbessertes Konzept der
Angemessenen Reaktion

↔

Zunehmender
ZWANG ZUR KOOPERATION
System der Abschreckung ergänzen durch System von Vereinbarungen

GEWALTVERZICHTSPOLITIK nach außen

und

REFORMPOLITIK im Innern
(humanere und gerechtere Gesellschaft)

Realisierung von
ÜBERGANGSSTRATEGIEN

Außen- und sicherheitspolitische Konstellationen nach 1945
G. Walpuski, a.a.O., S. 29

3 Die Stalinnoten von 1952 – Neutralität oder Westintegration?

Insgesamt handelt es sich um drei Noten, die Stalin an die Westmächte richtete (10. März, 9. April, 24. Mai 1952).

3.1 Vorgeschichte

30. November 1950

Text: Salzmann, a. a. O., Nr. 21

15. Januar 1951

15. September 1951

27. September 1951

13. Februar 1952

Resolution der UN-Vollversammlung (20. Dezember 1951) zur Einsetzung einer diesbezüglichen Kommission: Salzmann, a. a. O., Nr. 23

10. März 1952

Zunächst wird Otto Grotewohl von Moskau vorgeschickt. Er schlägt Adenauer einen paritätisch besetzten Rat vor, der eine für ganz Deutschland gültige Verfassung ausarbeiten und gesamtdeutsche Wahlen organisieren soll. Adenauer lehnt ab. Er nennt als Voraussetzung freie Wahlen in der SBZ. Erneuter Vorstoß Grotewohls, der wiederum gesamtdeutsche Beratungen vorschlägt.
Mit Ausnahme der KPD stellt der BT einstimmig fest, dass freie Wahlen die Voraussetzung für eine Wiedervereinigung sein müssten. Deren Realisierbarkeit in der DDR wird jedoch in Frage gestellt.
Grotewohl verlangt den Abschluss eines Friedensvertrags „in Übereinstimmung mit den Potsdamer Beschlüssen" und verweigert einer UNO-Kommission, bestehend aus Vertretern Brasiliens, Islands, der Niederlande, Pakistans und Polens, die in allen Besatzungszonen die Voraussetzung für freie Wahlen prüfen soll, die Einreise.
Wenige Wochen danach wendet sich Stalin mit seiner ersten Note an die Westmächte.

3.2 Die Stalinnote vom 10. März 1952

Loth, a. a. O., S. 283–289
Vogelsang, a. a. O., S. 135–141
Info 256, S. 17
Note bei Bodensieck I, Nr. 44, und Salzmann, a. a. O., Nr. 24

Die Note hatte folgende wesentliche Bestimmungen, die unter den Aspekten „Forderungen" und „Angebote" zusammengestellt werden:

Die Stalinnote vom 10. März 1952

Angebote	Forderungen
einheitlicher Staat Ende der Spaltung	keine Koalition, kein Militärbündnis gegen ehemaligen feindlichen Staat (= militärische Neutralität)
Abzug der Streitkräfte der Besatzungsmächte binnen 1 Jahres	Gültigkeit der territorialen Bestimmungen des Potsdamer Abkommens (= Anerkennung der Oder-Neiße-Grenze)
demokratische Rechte für das deutsche Volk	
keine wirtschaftlichen Beschränkungen	
nationale Streitkräfte	
Aufnahme Deutschlands in die UNO	

3.3 Stalins Motive

s. S. 70ff.

Sie können nur hypothetisch erschlossen werden und sind sicherlich im Zusammenhang mit zwei deutschlandpolitischen Ereignissen zu sehen und zu bewerten: mit dem Deutschlandvertrag vom 26. Mai 1952 und dem EVG-Vertrag vom folgenden Tag. Vor diesem Hintergrund kann als wesentliches Ziel Stalins die Absicht gesehen werden, eine militärische Integration der BRep zu verhindern oder doch zumindest zu verzögern.

3.4 Die Aufnahme der Stalinnote im Westen

Loth, a.a.O., S. 294f.
Vogelsang, a.a.O., S. 139

„Die westlichen Alliierten wollen die deutsche Einheit gar nicht oder doch nicht heute. Sie wollen so schnell und so eng wie möglich den Einbau Westdeutschlands in die westliche Gemeinschaft." („New York Herald Tribune", Mai 1952; zit. nach Schmid, a.a.O., S. 203, Q. 45 a)

Die Verbündeten lehnten Stalins Angebot kategorisch ab, da ein neutrales Deutschland nicht in ihr politisches Konzept passte.
Sie misstrauten Stalin zudem aufgrund der Erfahrungen der letzten Jahre (Sowjetisierung Ost- und Mitteleuropas, Blockade Berlins, Kalter Krieg, Korea-Krieg) und betrachteten die Note deshalb als Ablenkungs- bzw. Störmanöver.

3.5 Die Aufnahme in der Bundesrepublik

Loth, a.a.O., S. 289–294
Vogelsang, a.a.O., S. 139ff.
Hillgruber, a.a.O., S. 57–59

„Wenn die Neuordnung Europas kommt – und sie wird kommen –, dann wird man aber auch nicht vorbeigehen können an einer Neuordnung im europäischen Osten... Wir müssen eben mit den Sowjets im richtigen Augenblick ins Gespräch kommen. Das kann aber erst sein, wenn der Westen stark ist, so dass die Sowjets auf uns und den Westen hören." (Adenauer vor dem Fraktionsvorstand der CDU/CSU am 25. März 1952; zit. nach Bodensieck I, Nr. 45 a)

„Die Eingliederung der Bundesrepublik in das militärische Verteidigungssystem des Westens kann nur zu einer Vertiefung der Spaltung Deutschlands führen." (Ollenhauer, im Bundestag 1953; zit. nach Schmid, Bd. 4. a.a.O., S. 179, Q. 49)

Die Aufnahme der Stalinnoten war in der BRep heftig umstritten:

- Adenauer lehnte ein Eingehen auf die Noten ab, da er seine Politik der Westintegration und einer nachfolgenden Wiedervereinigung aus der Position der Stärke heraus gefährdet sah. Seiner Meinung nach standen einigen vagen und unklar formulierten sowjetischen Angeboten der Aufschub oder gar der Verzicht der Westintegration gegenüber. Eine Diskussion des Angebots hätte zudem das mühsam erworbene Vertrauen der Westmächte in Frage gestellt. Darüber hinaus befürchtete er auf lange Sicht das Aufgehen eines neutralen Deutschlands im sowjetischen Machtbereich.
- Die überwiegende Mehrheit der SPD und einige Politiker der FDP verlangten, die SU beim Wort zu nehmen und die Ernsthaftigkeit ihres Angebotes zu überprüfen. Von dieser Seite wurde Adenauer in erbitterten Diskussionen der Vorwurf gemacht, zu schnell die Chance einer Wiedervereinigung verspielt zu haben.
- Die CDU/CSU folgte zwar mehrheitlich ihrem Kanzler, doch war auch in diesen Parteien die Einschätzung des Angebots nicht einheitlich. Die innerparteilichen Differenzen führten u.a. dazu, dass sich namhafte Politiker von Adenauer distanzierten. Zu ihnen gehörten u.a. der spätere Bundespräsident Gustav Heinemann

(1949/50 Bundesminister), der 1950 bereits wegen der angestrebten militärischen Integration der BRep von seinem Amt als Innenminister zurücktrat, und Jakob Kaiser (1949–1957 Minister für gesamtdeutsche Fragen).

3.6 Die Bewertung der Stalinnoten

- Sie stellten das weitestgehende Angebot dar, das die SU jemals in Richtung Wiedervereinigung gemacht hat.
- Die entscheidenden Fragen lauten: Welche Ziele verfolgte Stalin? Wie ist die Realisierbarkeit der Angebote einzuschätzen? Wurde durch die ablehnende Haltung Adenauers die Chance der Wiedervereinigung verspielt?
- Ziele Stalins: Höchstwahrscheinlich der Versuch, die militärische Integration der Bundesrepublik zu verzögern oder zu verhindern.
- Realisierbarkeit der Note: Aussagen darüber können nur hypothetisch sein. Im Zusammenhang mit Stalins Zielen und der allgemeinen Entwicklung in Mitteleuropa muss die Ernsthaftigkeit seines Angebots bezweifelt werden. Gründe dafür:
  a) die Reihenfolge der Schritte (erst Friedensvertrag, dann freie Wahlen, die allerdings erst in der 2. Stalinnote zugestanden werden);
  b) die Praxis der „freien" Wahlen in den von der SU besetzten Ländern, die im Gegensatz stand zu der Forderung Stalins, Deutschland solle ein unabhängiger, demokratischer Staat werden;
  c) das Angebot hätte de facto eine Opferung der SED und des sozialistischen Gesellschaftssystems in der SBZ bedeutet;
  d) die SU hätte – erstmals in ihrer Geschichte – ein von ihr besetztes Gebiet freiwillig wieder aufgegeben;
  e) ein neutrales Deutschland an der Nahtstelle der Bündnisse hätte als unabhängiger Staat wohl kaum überleben können.

Sehr interessant ist der Kommentar des jugoslawischen Spitzenpolitikers E. Kardelj: „Die Sowjetpolitik tritt mit Losungen von einer Einigung Deutschlands auf. Die Form jedoch, die sie für eine Einigung Deutschlands vorschlägt, zeigt deutlich, dass diese Einigung entweder ganz Deutschland unter den Einfluss der Sowjetregierung bringen soll oder dass die Teilung endgültig bleibt." (geäußert auf dem VI. Parteikongress der jugoslawischen KP im November 1952; zit. nach Hartl/Marx, a.a.O., S. 305)

3.7 Möglichkeiten einer alternativen Deutschlandpolitik 1952

Die Frage wird seit den Stalinnoten immer wieder gestellt und wegen ihres hypothetischen Charakters unterschiedlich beantwortet. Aufgrund der oben angeführten Belege müssen die Erfolgschancen einer derartigen Deutschlandpolitik als negativ angesehen werden.

Solange das Rhein-Ruhr-Gebiet als das stärkste Produktionszentrum in Europa und als potentielle Waffenschmiede in deutschen Händen blieb, war die Idylle einer deutschen Neutralität von vornherein zum Scheitern verurteilt.

Der Vorwurf bleibt allerdings bestehen, dass vorhandene Ansätze in Richtung Wiedervereinigung – vor allem aufgrund der Adenauerschen Deutschlandpolitik – nicht wahrgenommen wurden.

25. Januar–18. Februar 1954

4 Die Berliner Außenministerkonferenz

4.1 Der welt- und deutschlandpolitische Rahmen der Konferenz

Die Konferenz wurde von einer Reihe von Faktoren bestimmt, die direkt oder indirekt Einfluss auf die Deutschlandpolitik hatten:

10. Januar 1953

„roll back" anstelle von „containment"; s. S. 85

5. März 1953

17. Juni 1953

Juni 1953

20. Juli 1954

- Die Amtsübernahme des amerikanischen Präsidenten Dwight D. Eisenhower, der zusammen mit seinem Außenminister John F. Dulles ein neues sicherheitspolitisches Konzept entwickelte (v. a. gegenüber der SU);
- der Tod Stalins. Das ihm folgende Kollektiv Malenkow, Molotow, Bulganin, Chruschtschow schien außenpolitisch flexibler zu sein;
- der Aufstand in Ostberlin und der DDR;
- der Waffenstillstand in Korea;
- der sich abzeichnende Waffenstillstand in Indochina.

Vor allem die Entwicklung in Asien, die allgemein als das Ende des Kalten Krieges angesehen wird, wirkte sich positiv auf die Verhandlungsbereitschaft in Ost und West aus. Sie machte jedoch auch deutlich, dass die deutsche Frage allmählich gegenüber weltpolitisch brisanten Ereignissen und Krisen in den Hintergrund trat, obwohl sie nach wie vor ein potenzieller Gefahrenherd blieb.

Vogelsang, a. a. O., S. 143–145
Hillgruber, a. a. O., S. 63 f.

4.2 Die Konferenz

Zustandekommen:

Die Konferenz wurde auf Initiative von BT und BReg von den drei Westmächten vorgeschlagen, um ein Übereinkommen in Sicherheits- und Deutschlandfragen zu erreichen.

Beteiligte:

Die Außenminister der Siegermächte Dulles (USA), Molotow (SU), Eden (GB) und Bidault (F).

Ausgangspositionen:

Einig waren sich die Staatsmänner in ihrem Endziel der Wiedervereinigung Deutschlands als Ausgangspunkt für eine friedliche Regelung des Zusammenlebens in Europa. Problematisch war, dass der Beitrag zur Erreichung dieses Ziels von der Durchsetzung des jeweiligen deutschlandpolitischen Konzepts abhing. Dass beide Seiten hier nicht bereit waren, Kompromisse einzugehen, zeigt die Reihenfolge der Schritte, die sich von denen der vergangenen Jahre nicht unterschieden. Die konträren Vorstellungen bezüglich der einzelnen Schritte wurden bestimmt von dem unterschiedlichen Stellenwert der deutschen Frage gegenüber europäischen oder weltpolitischen Belangen. Während die USA aus sicherheits- und bündnispolitischen Erwägungen heraus (roll back anstelle von containment) die Lösung der deutschen Frage als Voraussetzung für Entspannungsbemühungen ansahen, betrachteten die SU, GB und F sie als Teilproblem des Gesamtkomplexes „Entspannung". Dieser unterschiedliche Stellenwert äußerte sich darin, dass der sowjetische Außenminister als Kernpunkt der Konferenz „Maßnahmen zur Entspannung der internationalen Beziehungen" sehen wollte, während sein amerikanischer Kollege – im Gegensatz zu Eden und Bidault – die vorrangige Lösung des deutschen Problems forderte.

Während der Konferenz griff Dulles Molotow scharf an: „Mr. Molotow hat Angst vor wirklich freien Wahlen. Er hat Angst, dass die 18 Millionen Deutschen in der Ostzone, im Fall sie sich frei ausdrücken könnten, in ihrer überwältigenden Mehrheit das augenblickliche, ihnen aufgezwungene Regime ablehnen würden. Mr. Molotow hat Grund, Angst zu haben." (zit. nach Binder, a.a.O., S. 1245)

4.3 Der Eden- und der Molotow-Plan

Die Kontinuität des Deutschlandproblems, das kompromisslose Beharren beider Seiten auf bestimmten Prinzipien und Prioritäten bei der Lösung des Problems, machen die beiden Deutschlandpläne deutlich, die vom britischen und sowjetischen Außenminister vorgelegt und nach ihnen benannt wurden:

Eden-Plan (29. Januar 1954): Salzmann, a.a.O., Nr. 26

1. Die Deutschlandpläne der Berliner Außenministerkonferenz

Edenplan	Molotowplan
1. Freie Wahlen in ganz Deutschland	1. Bildung einer gesamtdeutschen Regierung durch die Parlamente der beiden deutschen Staaten unter „breiter Teilnahme demokra tischer Organisationen"
2. Einberufung einer aus diesen Wahlen hervorgegangenen Nationalversammlung	2. Vorbereitung und Durchführung gesamtdeutscher Wahlen
3. Ausarbeitung einer Verfassung und Vorbereitung von Friedensverhandlungen	3. Aufgabenkatalog der Regierung (u.a. Wahrung der Neutralität)
4. Annahme der Verfassung, Bildung einer gesamtdeutschen Regierung	4. Unverzüglicher Beginn beider Regierungen mit Verfahrensfragen zur Bildung einer gesamtdeutschen Regierung
5. Unterzeichnung und In-Kraft-Treten des Friedensvertrags	

2. Die deutschlandpolitischen Ziele der Pläne

Edenplan		Molotowplan
– demokratisches Deutschland (westliche Demokratie)	→ ←	– Erhaltung der sozialistischen Strukturen Ostdeutschlands
– dadurch Einbeziehung in den Westen	→ ←	– Neutralität eines vereinten Deutschlands

4.4 Ergebnis und Bewertung der Konferenz

Auch auf den Genfer Konferenzen von 1955 (Gipfelkonferenz) und 1959 (Außenminister-Konferenz) stand die „gemeinsame Verantwortung für eine Regelung des deutschen Problems und die Wiedervereinigung" im Mittelpunkt der Verhandlungen. Beide Konferenzen scheiterten an den bereits 1954 deutlichen Meinungsunterschieden bezüglich des Wegs, der zu einer deutschen Einheit führen sollte.

Die Pläne und damit die Konferenz scheiterten bereits am „Aufschnüren des Pakets", also an den Voraussetzungen und Vorbedingungen, die Ost und West für eine Wiedervereinigung als wichtig ansahen.
Die Pläne müssen als Versuch gewertet werden, einerseits die Integration der Bundesrepublik in den Westen zu verhindern (SU), andererseits die Integration durch Blockieren der ohnehin als unwahrscheinlich betrachteten Wiedervereinigung zu beschleunigen (USA). Die Konferenz verdeutlicht deshalb einmal mehr die Problematik und die Kontinuität der Deutschlandpolitik der fünfziger Jahre.

sowjetische Aussage vom 2. Dezember 1954

Die Taktik der SU wird daran erkennbar, dass sie wie 1952 die Lösung des Problems als unaufschiebbar bezeichnete, freie Wahlen als Voraussetzung für die Wiedervereinigung jedoch als „parlamentarische Formalität" abtat. Damit zeigte Moskau, dass es sein Ziel, die Ausdehnung des sozialistischen Systems auf ganz Deutschland, unabhängig von freien Wahlen sichern wollte. Wie nicht anders zu erwarten, endete die Konferenz ergebnislos und mit gegenseitigen Schuldzuweisungen.

5 Die Integration der Bundesrepublik in die europäische Gemeinschaft

5.1 Der Europarat

„Der Europarat bezweckt einen stärkeren Zusammenschluss seiner Mitglieder zum Schutze und zur Förderung der Ideale und Prinzipien, die ihr gemeinsames Erbe sind und zum Besten ihres wirtschaftlichen und sozialen Fortschritts." (Art. 1 des Europarat-Status; zit. nach Schmid, a.a. O., S. 254, T. 1)

Der Gedanke eines europäischen Zusammenschlusses entstand nach 1945. Er wurde gefördert von Vertretern einer Europabewegung, der ehemalige Widerstandskämpfer, Parlamentarier und führende Politiker (z.B. Churchill, Schuman) angehörten. 1949 erfolgte die Gründung durch Großbritannien, Frankreich, die Beneluxstaaten, Dänemark, Irland, Italien, Norwegen, Schweden. 1950 traten Griechenland, die Türkei und Island bei, im folgenden

Jahr die Bundesrepublik. Heute hat der Europarat 40 Mitglieder und umfasst alle Demokratien (einschließlich Russland).

5.2 Die Europäische Gemeinschaft

Den Anstoß zur Gründung einer wirtschaftlichen Vereinigung in Europa gab der Marshall-Plan, aus dessen Verteilerorganisation OEEC sich die Europäische Wirtschaftsgemeinschaft (EWG) entwickelte. Zunächst entstand 1951 auf Initiative des französischen Außenministers Robert Schuman die Montanunion (Europäische Gemeinschaft für Kohle und Stahl, EKGS). 1957 wurde die Europäische Atomgemeinschaft (EURATOM) zur Entwicklung und Kontrolle der Atomenergie und im selben Jahr durch die Römischen Verträge die Europäische Wirtschaftsgemeinschaft (EWG) von Italien, Frankreich, der BRep und den Benelux-Staaten gegründet. 1967 wurden die drei Organe zur Europäischen Gemeinschaft (EG) zusammengefasst. Ihr Parlament wird von den Wahlberechtigten der Mitgliedstaaten seit 1979 direkt gewählt. Im selben Jahr beschloss sie das europäische Währungssystem und die gemeinsame Währung ECU.

s. S. 48
s. S. 139

Bis heute sind beigetreten: Griechenland, Türkei, Großbritannien, Irland, Dänemark, Spanien, Portugal und 18 afrikanische Staaten (ehem. brit. und franz. Kolonien) als assoziierte Mitglieder.

Organe der Europäischen Gemeinschaft

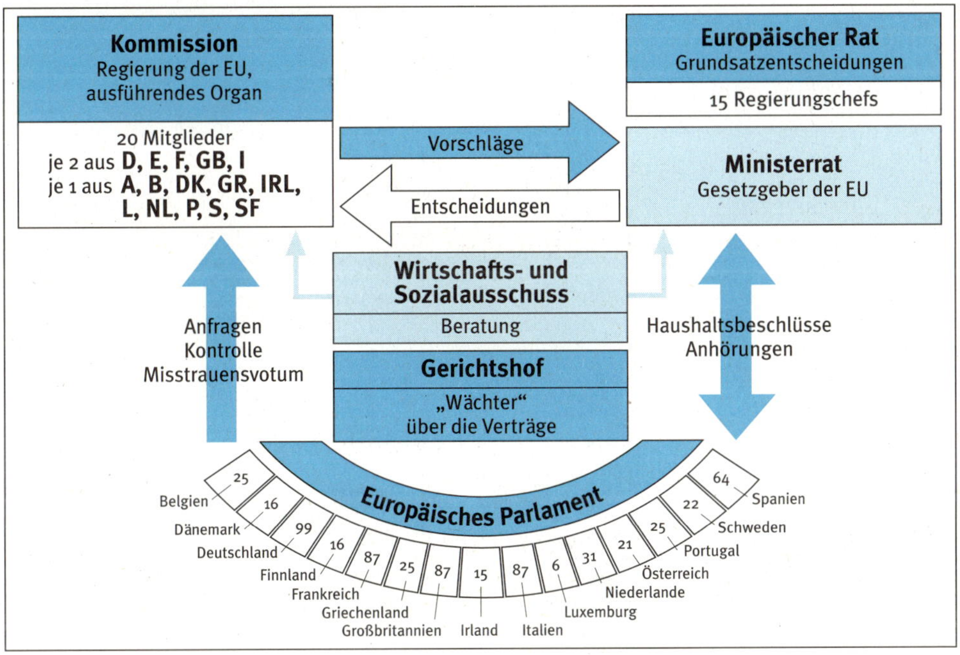

7. Februar 1992 „Vertrag über die Europäische Union“

5.3 Die Europäische Union (EU)

Der europäische Einigungsprozess führte 1992 zur Gründung der Europäischen Union durch den Vertrag von Maastricht (EU-Vertrag). Sie basiert auf drei Säulen:

a) Die Europäische Gemeinschaft. Sie beinhaltet: Binnenmarkt, Zollunion, gemeinsame Agrarpolitik, Wirtschafts- und Währungsunion;
b) die gemeinsame Außen- und Sicherheitspolitik (GASP);
c) die Zusammenarbeit in der Innen- und Rechtspolitik.

Finnland, Österreich, Schweden traten 1995 bei.

Eine Reihe von osteuropäischen Staaten sind durch Abkommen assoziiert.

Mit ihrem Beitritt traten die (bisher 15) Mitgliedsstaaten einen Teil ihrer Souveränität an die EU ab.
Ziel der EU ist es, auf der Grundlage gemeinsamer europäischer Werte (Demokratie, Vorstaatlichkeit der Grund- und Menschenrechte etc.) die wirtschaftliche und politische Zusammenarbeit zu intensivieren und damit die Stellung Europas in der Welt auszubauen.

6 Die militärische Integration der Bundesrepublik und der DDR und ihre Folgen

6.1 Die Bundesrepublik im sicherheitspolitischen Kalkül der USA

Bereits bei der Gründung der NATO wurde ein militärischer Beitrag der BRep von den unterzeichneten Mächten einkalkuliert. Die französische Tageszeitung „Le Monde" schrieb damals, die Wiederaufrüstung Deutschlands stecke im Atlantikpakt wie der Keim im Ei.
Die Koreakrise beschleunigte den Ausbau eines westlichen Bündnisses und machte die Notwendigkeit der Einbeziehung der Bundesrepublik deutlich (Erhöhung der Schlag-

Der ehemalige US-Militärgouverneur Lucius D. Clay am 21. November 1949:
„Deutschland könnte sich mit beschränkten Streitkräften eines besonderen Typus an den gemischten europäischen Streitkräften beteiligen." (zit. nach Schmid, a.a.O., S. 201, Q. 35)

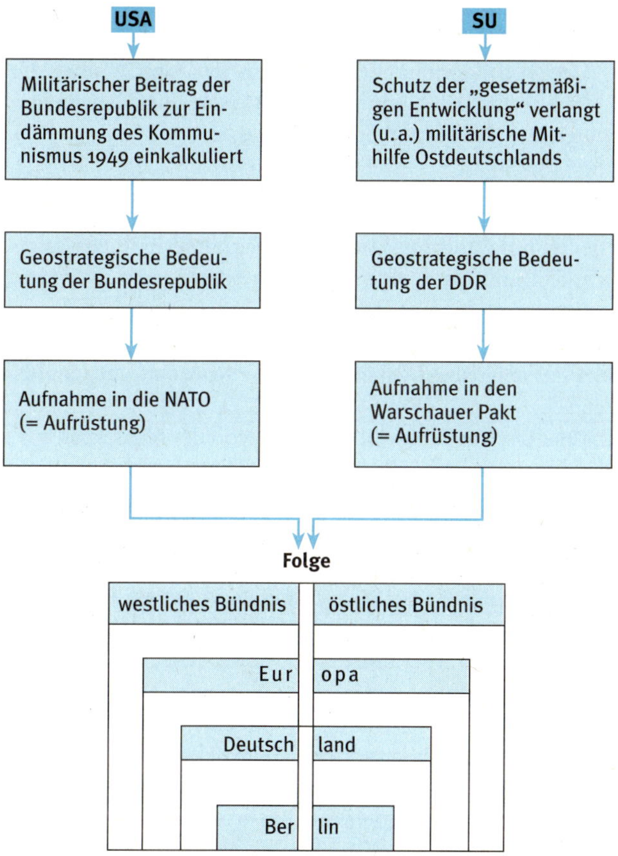

Die Bundesrepublik im sicherheitspolitischen Konzept der USA bzw. SU

kraft, Vorschieben der Verteidigung, geostrategische Bedeutung).
Deshalb beschloss der BT (gegen die Stimmen der SPD) den Beitritt in die EVG. Nach deren Scheitern trat die BRep auf der Grundlage der Pariser Verträge 1955 in die WEU und die NATO ein.

6.2 Die DDR im sicherheitspolitischen Konzept der SU

- Die geostrategische Bedeutung der DDR im östlichen Bündnis entspricht der der BRep im westlichen („Speerspitze");
- Gründung des Warschauer Pakts, dem die DDR nach wenigen Monaten als Mitglied beitritt;
- die Volkskammer der DDR beschließt, dass „der Dienst in den Streitkräften eine nationale Ehrenpflicht der Bürger in der DDR" ist;
- die Volkskammer verabschiedet das Gesetz über die Schaffung der Nationalen Volksarmee und des Ministeriums für Nationale Verteidigung.

14. Mai 1955
28. Januar 1956, s. S. 81
26. September 1955
18. Januar 1956

6.3 Die Auswirkungen auf die Deutschlandpolitik

Die Stellung und Funktion der BRep innerhalb des westlichen Bündnisses bzw. der amerikanischen Strategie machte die Bonner Deutschlandpolitik abhängig von ihrem Verhältnis zur USA und vom Fortbestehen des amerikanischen sicherheitspolitischen Konzepts gegenüber der SU.
Die seit der Souveränität der DDR von der SU immer wieder vorgetragene Zwei-Staaten-Theorie betonte die Gleichrangigkeit der beiden deutschen Staaten. Da die Westmächte in den Pariser Verträgen die BReg als einzige rechtmäßige deutsche Regierung bezeichnet hatten, existierte der Konflikt der Anerkennung und der Alleinvertretung nun auch auf der Ebene der Bündnisse. Die beiderseitige Integration führte zu einer Verschärfung des innerdeutschen Gegensatzes, der durch Nichtanerkennung und strikte Ablehnung auf der einen und durch totale Abgrenzung auf der anderen Seite gekennzeichnet war.
Deutschlandpolitik war von nun an nicht mehr eine Angelegenheit der beiden deutschen Staaten bzw. der Siegermächte, sondern sie wurde zu einem Faktor der europäischen Sicherheit und (seit Beginn der 60er Jahre) der weltweiten Entspannung. So wurden Lösungen nicht nur komplizierter, sondern zunehmend unwahrscheinlicher.

25. März 1954

Kommentar der „Prawda" vom 17. November 1955: „Die Deutschlandfrage kann gegenwärtig nicht gelöst werden, ohne dass die Tatsache berücksichtigt wird, dass zwei deutsche Staaten mit unterschiedlichem gesellschaftlichen Aufbau existieren. Man darf sich nicht vom Boden der Wirklichkeit entfernen." (zit. nach Krause/Reif, a. a. O., S. 428)

Diese Entwicklung verdeutlichte die Erstarrung der traditionellen Deutschlandpolitik Adenauer'scher Prägung (Wiedervereinigung aus der Politik der Stärke) und ihren minimalen Spielraum.

7 Östliche und westliche Deutschlandpolitik in der 2. Hälfte der fünfziger Jahre

7.1 Die Relativierung der deutschen Frage

Mit der Einbeziehung der BRep in die NATO und der DDR in den Warschauer Pakt war die in den Jahren 1947/48 eingeleitete Spaltung Deutschlands zu einem vorläufigen Abschluss gekommen.

Eine grundsätzliche Entscheidung auf unabsehbare Zeit war getroffen worden. „In diesen sieben Jahren hatten sich die weltpolitischen Voraussetzungen, die am Anfang des Weges für die Entschlussfassung bestimmend gewesen waren, jedoch grundlegend gewandelt. Die Überschätzung der Deutschlandfrage für die Weltpolitik, die Befürworter und Gegner in dem jahrelangen verbissenen Ringen – ohne dass es ihnen bewusst war – vereint hatte, trat nun sehr schnell zu Tage … Um den jetzt in Mitteleuropa erreichten Zustand doch noch zu verändern, bedurfte es einer viel längerfristig angelegten politischen Strategie als bisher." (Hillgruber, a. a. O., S. 68 f.)

„Die Bundesrepublik ist mit all ihren Leistungen und allen Beschränkungen in starkem Maße ein Produkt… der Blockbildung in Europa… Die Lockerung der Blöcke… bedeutet daher für die Bundesrepublik gleichzeitig einen Verlust an Geborgenheit und einen potenziellen Gewinn an Beweglichkeit." (Richard Löwenthal, Die deutsche Frage im Zeichen der Lockerung der Blöcke, Gegenwartskunde 1967, S. 307, zit. nach Bodensieck I, Nr. 91)

Die deutsche Frage im Spiel der Großmächte war seit Beginn des atomaren Patts (ca. 1953) den Anstrengungen untergeordnet, einen Modus Vivendi zwischen Ost und West zu finden. Damit war die deutsche Frage seit der Berliner Außenministerkonferenz von 1954 mit dem Problem der europäischen Sicherheit und seit 1955 auch mit dem der Abrüstung verknüpft. Sie hatte ihren hervorragenden Stellenwert, ihre Priorität bei den Westmächten eingebüßt.

7.2 Die Problematik der Bonner Deutschlandpolitik

Die Veränderung des Stellenwerts der deutschen Frage bedeutete für Bonn eine wichtige Zäsur, da man feststellen musste, dass die BRep mit der von Adenauer konzipierten und vertretenen Deutschlandpolitik immer mehr in die Isolation geriet. So wurde die BReg zwar an den westlichen Vorbereitungen für Ost-West-Konferenzen beteiligt, konnte sich mit ihren Vorstellungen und Wünschen jedoch nicht durchsetzen. Die Westmächte, vor allem Großbritannien und Frankreich, in wachsendem Maße aber auch

vgl. in diesem Zusammenhang die Teilnahme zweier deutscher Delegationen an der Genfer Außenministerkonferenz 1959, s. S. 102 f.

die USA, zeigten deutlich, dass sie zu der von Adenauer verlangten Konzentration aller Ost-West-Gespräche auf die Wiedervereinigung nicht mehr bereit sein würden. Hinzu kam, dass der Bonner Wiedervereinigungskurs einem allgemeinen Entspannungskurs entgegenstand und deshalb zu einer ernsten Belastung für das Verhältnis der NATO-Partner wurde.

7.3 Die sowjetische Deutschlandpolitik 1955 bis 1990

Die Problematik der Isolation der Bonner Deutschlandpolitik im westlichen Lager wurde verschärft durch die Deutschlandpolitik der SU, die seit Mitte der 50er Jahre die Souveränität und damit die Gleichrangigkeit der DDR betonte. Diese neue Deutschlandpolitik hatte folgende Bestimmungsfaktoren:

vgl. hierzu Bodensieck II, Nr. 57 u. 58

- Die Verlagerung der Deutschlandpolitik auf die deutsch-deutsche Ebene durch die Betonung der Souveränität der DDR und der daraus abgeleiteten Zwei-Staaten-Theorie;
- die von nun an immer wiederkehrende Forderung, die „neuen Verhältnisse in Europa“ bei der Lösung des Deutschlandproblems zu berücksichtigen;
- die Ablehnung einer „mechanischen Vereinigung“, die die Gleichwertigkeit beider Staaten nicht genügend berücksichtigen würde und deshalb unrealistisch sei;
- die Feststellung, dass der einzige Weg für die Wiedervereinigung die Schaffung eines Systems der kollektiven Sicherheit in Europa sowie wirtschaftliche und politische Kontakte zwischen den beiden deutschen Staaten (= Zwang zur Anerkennung) sei.

Entstehung der Blöcke; Entstehung zweier völlig unabhängiger, gleichberechtigter deutscher Staaten

7.4 Das Berlin-Ultimatum

Vogelsang, a.a.O., S. 213 ff.
Hillgruber, a.a.O., S. 75 ff.

Es wurde, der allgemeinen sowjetischen Taktik entsprechend, durch eine Rede Chruschtschows im Moskauer Sportpalast vorbereitet. Darin forderte der sowjetische Parteichef u.a. die Beseitigung des Viermächtestatus für Berlin.

10. November 1958

Im Rahmen seiner außenpolitischen Offensive setzte Chruschtschow einmal mehr den Hebel bei Berlin an und erklärte in einer an die Westmächte und die Bundesrepublik gerichteten Note, dass er die den Status Berlins betreffenden Abmachungen (vom 12. September 1944) als nicht mehr in Kraft befindlich betrachte. Die „richtigste und natürlichste Lösung dieser Frage“ sei die Wiedervereinigung der Stadt und das Aufgehen Berlins in der DDR. In Anbetracht der „gegenwärtigen irrealen Politik der USA

27. November 1958
Text bei Salzmann, a.a.O., Nr. 38

sowie Großbritanniens und Frankreichs gegenüber der DDR" und um der Bevölkerung Westberlins ihre gewohnte Lebensform zu erhalten, sehe die SU die Lösung in der Umwandlung Westberlins in eine „Freie Stadt". Diese müsse entmilitarisiert werden, die Vereinten Nationen könnten in irgendeiner Form an der Wahrung des Status der Freien Stadt Westberlin beteiligt werden. Ferner könnte die DDR Garantien für einen ungehinderten Verkehr von und nach Berlin geben. Diese Zugeständnisse wurden jedoch durch die Drohung wieder relativiert, dass von Westberlin aus keine feindseligen, subversiven Tätigkeiten gegen die DDR ausgehen dürften.

Überschriften in der FAZ vom 28. November 1958: „Moskau wünscht West-Berlin als neues Danzig." „Entschiedene Ablehnung in Berlin" „Bonn: Ernste Lage" „Frist zum Streiten"

In Anbetracht der Sachlage, so erklärte Chruschtschow, sehe er sich jedoch veranlasst, folgendes Ultimatum zu stellen: Sollte nicht innerhalb von sechs Monaten eine Übereinkunft bezüglich Berlins erreicht sein, so werde er den Status in den einer „Freien Stadt" überführen. In die Angelegenheiten Berlins dürfte sich dann kein Staat, auch keiner der beiden deutschen, einmischen. Jedem Betrachter der politischen und geografischen Situation Berlins war klar, dass es bei dieser „Lösung" über kurz oder lang zu einem Aufgehen Berlins in der DDR hätte kommen müssen. Die Westmächte wiesen deshalb das Ultimatum entschieden zurück, bekräftigten den Status Berlins als Viermächtestadt, äußerten aber gleichzeitig die Bereitschaft, „die Frage Berlin in dem weiten Rahmen von Verhandlungen zur Lösung des deutschen Problems wie auch des Problems der europäischen Sicherheit zu erörtern".

16. Dezember 1958
Text bei: Salzmann, a. a. O., Nr. 39

7.5 Der sowjetische Friedensvertragsentwurf

10. Januar 1959
Vogelsang, a. a. O., S. 218 ff.

Bodensieck I, Nr. 74 und Salzmann, a. a. O., Nr. 40

Chruschtschows Antwort auf die Zurückweisung des Ultimatums bestand in dem Vorschlag eines Friedensvertrags für Deutschland, den er an die Westmächte richtete. Darin griff er die wesentlichen Forderungen der sowjetischen Deutschlandpolitik seit 1952 wieder auf:

- Die Neutralisierung der beiden deutschen Staaten;
- die Anerkennung der Oder-Neiße-Grenze;
- die Wiedervereinigung nach Unterzeichnung eines Friedensvertrags;
- die für die Wiedervereinigung notwendigen Schritte und Maßnahmen seien Sache Bonns und Ostberlins;
- die Wiedervereinigung müsse in einem Prozess der Angleichung vor sich gehen.

Generell sollte der Besitzstand vom 1. Januar 1959 gelten.

Die Stellung Westberlins als freier Stadt, d.h. die Drei-Staaten-These, vervollständigte den Friedensvertragsentwurf.

Bei Ablehnung seiner Vorschläge drohte Chruschtschow mit einem Separatfrieden mit der DDR. Dies hätte konkret bedeutet, dass die Westmächte vertragliche Abmachungen über die Zufahrtswege nach Berlin, auch über die Luftfahrtswege, mit der DDR hätten aushandeln müssen.
Angesichts dieser massiven Drohung einigten sich die Alliierten kurz vor Ablauf des Ultimatums auf eine Genfer Konferenz der Außenminister. An ihr nahmen erstmalig deutsche Beratungsdelegationen aus Ost und West an den so genannten Katzentischen teil.

11. Mai–5. August 1959

Außenminister:
Herter (USA), Gromyko (SU), Seldwyn Lloyd (Großbritannien) und Couve de Murville (Frankreich)

7.6 Die Genfer Außenministerkonferenz

Schwerpunkte:

Im Mittelpunkt der Verhandlungen stehen die Wiedervereinigung, die Berlin-Frage und das Problem der europäischen Sicherheit.

Verlauf:

Die alten Gegensätze werden deutlich, als die Westmächte erklären, diese drei Bereiche seien miteinander verknüpft und könnten nicht isoliert behandelt werden.
Der sowjetische Außenminister Gromyko dagegen stellte fest, man müsse von der Existenz der beiden deutschen Staaten als Realität ausgehen, weshalb die Wiedervereinigung ihre eigene Angelegenheit sei, in die man sich nicht einzumischen habe. Es gäbe demzufolge für die SU nur zwei Verhandlungsthemen: den deutschen Friedensvertrag und den Status Berlins.

Zum Status von Berlin s. S. 78

14. Mai 1959
Vogelsang, a. a. O., S. 223 ff.
Hillgruber, a. a. O., S. 79 f.
Text: Salzmann, a. a. O., Nr. 41

Der Herter-Plan:

Der Plan des amerikanischen Außenministers Christian Herter macht die Kontinuität der westlichen Deutschlandpolitik deutlich, da er im Wesentlichen auf der Reihenfolge der Schritte zur Erreichung der Wiedervereinigung besteht, wie sie bereits im Eden-Plan präzisiert wurden. Sie soll sich in drei Phasen vollziehen:

1. Phase: Der Wiedervereinigung Deutschlands ist die Wiedervereinigung Berlins nach dem gleichen Modus vorgeschaltet. Berlin soll die Hauptstadt Deutschlands sein.
2. Phase: Einsetzung eines gemischten Ausschusses (25 Mitglieder aus der Bundesrepublik, 10 aus der DDR), der die Modalitäten der Wiedervereinigung erarbeiten soll.

Noch während der Konferenz erklärte Chruschtschow (am 23. Juni) gegenüber dem amerikanischen Botschafter Averell Harriman: „Seien Sie überzeugt, dass ich der Wiedervereinigung Deutschlands nicht zustimmen werde, falls nicht ein sozialistisches System für Deutschland vorgesehen wird." (Zit. nach Hartl/Marx, a. a. O., S. 450)

3. Phase: Freie Wahlen für eine „Gesamtdeutsche Versammlung", die eine gemeinsame Verfassung erarbeitet, Bildung einer gesamtdeutschen Regierung, Abschluss einer endgültigen Friedensregelung mit der gesamtdeutschen Regierung.

Ergebnisse:

- Keine konkreten Abmachungen bzw. Übereinkünfte;
- entscheidende Wende hinter den Kulissen: Die Westmächte visieren erstmals geschlossen eine isolierte, d. h. von der deutschen Frage unabhängige Berlin-Lösung an, womit die Adenauersche Deutschlandpolitik in einem Teilbereich endgültig gescheitert war;
- den Endpunkt dieser von nun an isolierten Berlin-Entwicklung bilden das Viermächteabkommen (1971) und der 2+4-Vertrag (1990).

s. S. 119 ff. und S. 132 f.

9 Deutschlandpolitik zwischen Konfrontation und Kooperation: Die sechziger Jahre

1 Der Wandel der amerikanischen Außen- und Deutschlandpolitik seit 1961

20. Januar 1961
Hillgruber, S. 81 f.
Info 203, S. 26

Mit dem Amtsantritt von Präsident John F. Kennedy und seinem Außenminister Dean Rusk vollzog sich ein grundlegender Wandel in der amerikanischen Außenpolitik. An die Stelle eines bisher propagierten globalen Engagements in allen Teilen der Welt trat nun die Konzentration auf die Führungsrolle in der westlichen Welt. Dieses Konzept, der „geopolitische Realismus", hatte seine Ursachen in dem atomaren Patt der Führungsmächte, in dem sich immer stärker entwickelnden weltpolitischen Pluralismus und in der Dekolonisation in Afrika und Asien, welche die Entstehung neuer Krisenherde zur Folge hatte.

Länder der 3. Welt, Blockfreie, OPEC etc.

Naher Osten, Indien-Pakistan, China, Vietnam

Im Verhältnis der beiden Führungsmächte bedeutete der geopolitische Realismus die Anerkennung der Hegemonialstellung der SU im sozialistischen Lager, d. h. die Anerkennung des territorialen und machtpolitischen Status quo in Europa.

Dem finnischen Präsidenten Urho Kekkonen gegenüber erklärte Kennedy am 17. Oktober 1961: „Die Sowjetunion soll doch Deutschland auf der gegenwärtigen Basis geteilt lassen und sich nicht bemühen, uns legal mit der Teilung zu identifizieren." (zit. nach Bodensieck I, Nr. 83)

Mit diesem neuen außenpolitischen Konzept war die Deutschlandpolitik Adenauers endgültig und in allen ihren Teilbereich hinfällig geworden. Sehr schnell machte Kennedy seinem westlichen Verbündeten klar, dass er ohne allzu große Rücksicht auf Bonn mit der SU auf der Basis der Gleichberechtigung zu einem tragfähigen Modus Vivendi kommen wollte. Dies bedeutete für Bonn konkret:

- Aufgabe des antisowjetischen Kurses;
- Politik der Entspannung und der Kooperation;
- Anerkennung des territorialen Status quo in Europa (Oder-Neiße-Grenze, Berlin, innerdeutsche Grenze);
- verringertes deutschlandpolitisches Engagement der Westmächte insgesamt, insbesonders der USA. Dies machte auf lange Sicht eine entscheidende deutschlandpolitische Kurskorrektur Bonns unumgänglich.

2 Die Berliner Mauer als Testfall des neuen Konzepts

Vogelsang, a.a.O., S. 251ff.
Hillgruber, a.a.O., S. 83ff.
Info 203, S. 27

Am 25. Juli 1961 verkündete Kennedy in einer Fernsehansprache die Grundlagen der amerikanischen Berlin-Politik, die so genannten „three essentials“:

Bodensieck I, Nr. 79

1. Stationierung der westlichen Truppen in den Westsektoren;
2. freier, ungehinderter Zugang für sie;
3. Erhaltung der Lebensfähigkeit der Stadt.

Entscheidend war, dass Kennedy diese Forderungen ausdrücklich nur auf Westberlin bezog.

Die Mauer wird errichtet „zur Unterbindung der feindlichen Tätigkeit der revanchistischen und militärischen Kräfte Westdeutschlands und West-Berlins“. Sie ermöglicht eine Kontrolle, „wie sie an den Grenzen jedes souveränen Staates üblich ist“. (Beschluss des Ministerrats der DDR, zit. nach Bodensieck I, Nr. 80)

Im Rahmen seines geopolitischen Realismus bedeutete dies die Anerkennung Ostberlins als Herrschaftsgebiet der SU und das verklausulierte Zugeständnis, dass die USA (und damit der Westen allgemein) bei sowjetischen Maßnahmen in diesem Bereich nicht eingreifen würden. Damit war der Weg frei für die von der Ostberliner Regierung dringend geforderten Maßnahmen, die eine für sie äußerst kritische Situation bereinigen sollten. Sie bestand in einem immer stärker werdenden Flüchtlingsstrom, dem damit verbundenen spürbaren Verlust an Arbeitskräften und der propagandistisch sehr abträglichen „Abstimmung mit den Füßen“. Der Bau der Mauer in Berlin, der am 13. August

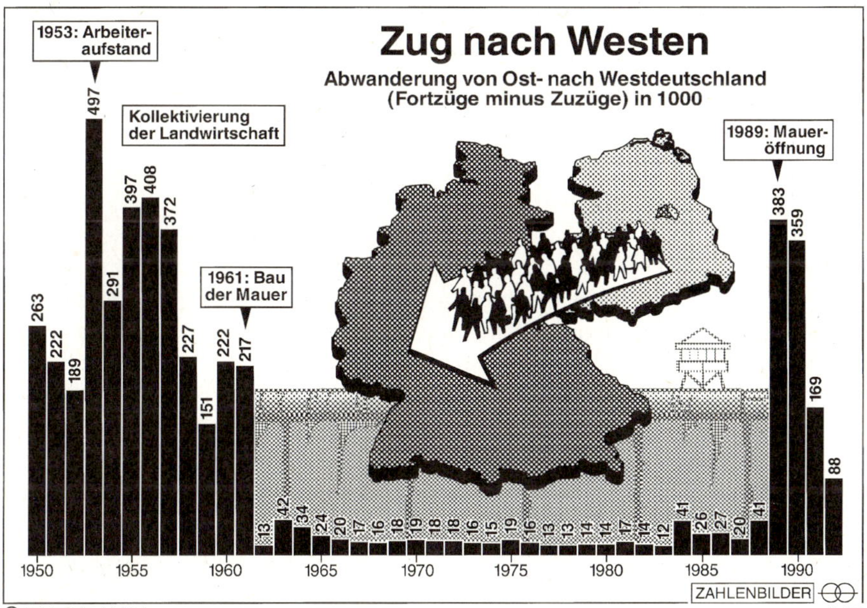

 40 510

Im Zusammenhang damit schreibt Kennedys Sonderberater T. C. Sorensen 1966: „Außerdem wünschte kein Alliierter und kein Berater eine allzu heftige Antwort des Westens, die eine Erhebung bei den verzweifelten Ostberlinern auslösen konnte – eine Erhebung, die nur zu einem zweiten Budapester Massaker (November 1956) geführt hätte." (zit. nach Bodensieck I, Nr. 81)

begonnen wurde, sollte das Schlupfloch in den Westen endgültig und wirksam verstopfen.
Der amerikanische Außenminister Rusk erklärte am selben Tag, von Bonn zu Gegenmaßnahmen aufgefordert, dass sich die Vorgänge innerhalb des sowjetischen Machtbereichs abspielten und die Position der Westmächte sowie der freie Zugang nach Westberlin nicht bedroht seien. Dementsprechend schwächlich fiel schließlich der gemeinsame Pro-forma-Protest der Westmächte aus.

Hillgruber, S. 83 ff.

3 Die Kubakrise und ihre Bedeutung für die Deutschlandpolitik

Die Kuba-Krise:
- *Seit Sommer 1962: Installierung sowjetischer Mittelstreckenraketen auf (Castros) Kuba;*
- *22. Oktober 1962: Mobilisierung der amerikanischen Flotte, Blockade Kubas; ultimative Forderung Kennedys, alle sowjetischen Raketen aus Kuba abzuziehen;*
- *26. Oktober: die sowjetischen Frachter (mit Raketen beladen) drehen vor dem Sperrgebiet ab. Chruschtschow gibt nach, sagt den Abbau der Raketen auf Kuba zu.*

Das Jahr 1961/62 bedeutete für die Weltpolitik und ganz besonders für Deutschland die tiefste Zäsur seit 1945. Sie wird deutlich anhand der Begriffe „Entspannung", „Kooperation" und „Anerkennung des territorialen Status quo". Sie verdrängten die alten Leitbegriffe der Truman- und Eisenhower-Ära: „Eindämmung" (containment) bzw. „Zurückdrängen" (roll back) des Kommunismus.
Entscheidend für die neue Entwicklung war die Kubakrise. Sie veranlasste Chruschtschow, seine Außenpolitik des „offensiven Risikos" aufzugeben und auf den von Kennedy angebotenen Entspannungskurs einzuschwenken. Das erste konkrete Ergebnis der Entspannung wurde das Abkommen über die teilweise Beendigung der Atomwaffenversuche vom August 1963. Mit dem neuen außenpolitischen Konzept Kennedys und der sich anbahnenden Entspannung geriet die Bonner Deutschlandpolitik seit 1962 in zunehmendem Maße in eine problematische Situation, da sie sich in wesentlichen Bereichen nicht mehr mit der ihrer westlichen Verbündeten deckte, sondern sogar als lästiges Hindernis für die Entspannung angesehen wurde. Für Bonn ergab sich aus dieser Situation ein unmittelbarer Zwang zur Neuorientierung, der enorme Belastungen mit sich brachte:

1. Provisorischer staatlicher Charakter
2. alleinige Rechtsnachfolgerin des 3. Reichs
3. Alleinvertretungsanspruch
4. Nichtanerkennung der DDR und Hallstein-Doktrin

- Die BRep musste als wesentlicher Faktor der weltweit angestrebten Entspannung die Position ihrer bisherigen Deutschlandpolitik überdenken bzw. aufgeben;
- damit geriet sie und gerieten vor allem die regierungstragenden Parteien in eine existenzgefährdende innere Krise;
- aus den Schwierigkeiten der Umstellung und Anpassung erklärt sich das Hinterherhinken der Bonner Deutschlandpolitik.

4 Der Kompromisscharakter der Deutschlandpolitik unter Erhard und Kiesinger

1963–1969

4.1 Die amerikanische Deutschlandpolitik in der zweiten Hälfte der sechziger Jahre

Die Prinzipien der amerikanischen Deutschlandpolitik erläuterte 1966 Henry Kissinger (der spätere US-Außenminister) in einem viel beachteten Artikel über die „deutsche Frage als Problem der europäischen und der internationalen Sicherheit". Darin stellte er folgende Thesen auf:

In: Europa-Archiv, 23, 1966, S. 831–838

- Die deutsche Frage ist ein weltpolitisches Kernproblem;
- eine europäische Neuordnung muss die deutsche Frage miteinbeziehen;
- eine amerikanische Unterstützung der Bonner Deutschlandpolitik würde dort nur Illusionen bezüglich ihrer Machbarkeit schaffen;
- die Wiedervereinigung muss Aussagen über die Ostgrenzen und den militärischen Status Deutschlands insgesamt enthalten;
- die Wiedervereinigung kann nur das Ergebnis eines „langen historischen Prozesses" sein;
- Grundvoraussetzung für Fortschritte in diesem Bereich sei der Wandel der Ost-West-Beziehungen, der sich im großen Rahmen entwickeln müsse.

4.2 Deutschlandpolitische Initiativen und Forderungen des Ostblocks

Die Staaten des Warschauer Pakts richteten in der zweiten Hälfte der sechziger Jahre mehrere nahezu identische „Appelle" an den Westen, in denen sie folgende wesentliche Forderungen stellten:

1966 Bukarest
1967 Karlsbad
1969 Budapest

- Die Unantastbarkeit der europäischen Grenzen ist die Grundlage des Friedens;
- alle Staaten müssen bei ihren Bemühungen um die Normalisierung von den „real existierenden Grenzen" in Europa ausgehen, „darunter der polnischen Grenze an Oder und Neiße und zwischen den beiden deutschen Staaten";
- eine deutsche Friedensregelung entspricht den Interessen des Friedens in ganz Europa; sie muss sich deshalb im europäischen Rahmen vollziehen;
- Voraussetzung dafür sind die Anerkennung der DDR und die Gleichberechtigung der deutschen Staaten sowie die Regelung des Berlin-Problems;

„Ein konstruktives Herangehen an diese Frage (Friedensregelung)... ist nur möglich, wenn von der Existenz

zweier deutscher Staaten... ausgegangen wird." (zit. nach Schubert, a.a.O., S. 357)

- der Weg zur Wiedervereinigung führt über die Entspannung und Annäherung der deutschen Staaten;
- große politische Bedeutung für diese Gesamtentwicklung hätte eine europäische Konferenz für Sicherheit und Zusammenarbeit in Europa, die ein System der kollektiven Sicherheit schaffen solle.

4.3 Die Bonner Deutschlandpolitik unter Erhard und Kiesinger

Der Versuch Bonns, sich auf die veränderten Verhältnisse einzustellen, vollzog sich in verschiedenen Phasen und auf verschiedenen (parteipolitischen) Ebenen.

1. Viertes Kabinett Konrad Adenauers (1961–1963):

Am 9. Oktober 1962 erklärt Adenauer vor dem BT, er sei bereit, „über vieles mit sich reden zu lassen", wenn die Bevölkerung der DDR ihr Leben frei gestalten könne.

Die ersten Jahre nach dem amerikanischen Kurswechsel und dem Einschwenken der SU waren geprägt von deklamatorischem Festhalten an der bisherigen (Adenauerschen) Zielsetzung: Wiedervereinigung aus der Position der Stärke heraus. Jedoch setzte 1963, im letzten Regierungsjahr Adenauers, eine vorsichtige, zunächst rein verbale Anpassung ein. Sie wurde deutlich an der Betonung der „menschlichen Erleichterungen", die nun vorrangig angestrebt werden sollten. Wiedervereinigung im alten Sinne (Verschmelzung der beiden deutschen Teilstaaten) begann damit in den Hintergrund zu treten.

2. Die Amtszeit Ludwig Erhards (1963–1966):

Handelsmissionen 1963/1964: Polen, Bulgarien, Rumänien

Seit 1963 unternahm Außenminister Gerhard Schröder (1961–1965) erste konkrete Schritte der Anpassung. Sein Ziel bestand in der Verbesserung der Beziehungen zu den ostmitteleuropäischen Staaten bei Ausklammerung der DDR. Da die immer noch geltende Hallstein-Doktrin diplomatische Beziehungen zu ihnen ausschloss, wurden zunächst wirtschaftliche Verbindungen angestrebt bzw. die bereits vorhandenen verstärkt. Handelsmissionen nahmen den Aufgabenbereich diplomatischer Vertretungen (inoffiziell) wahr.

24. März 1966
Text: Salzmann, a.a.O., Nr. 51

Insgesamt gesehen führte jedoch die Regierung Ludwig Erhard die Deutschlandpolitik ihrer Vorgängerin fort. Zwar richtete der Kanzler eine „Friedensnote" an die Regierungen aller Länder, mit denen die BRep diplomatische Beziehungen unterhielt, in der Gewaltverzichtserklärungen allen Ostblockstaaten angeboten wurden, doch bedeutete diese Initiative keinen grundsätzlichen Wandel. Entscheidend war nämlich, dass diese Note nicht an die DDR gerichtet war und deshalb vom Ostblock abgelehnt wurde. Zudem hielt Erhard an der bisherigen Rechtsposition fest, dass „Deutschland völkerrechtlich in den Grenzen vom 31. Dezember 1937 fortbesteht, solange nicht eine frei gewählte gesamtdeutsche Regierung andere Grenzen anerkennt“. Damit war die Note von vorneherein zum Scheitern verurteilt, sie war keine Basis für ein Arrangement mit der SU bzw. dem Ostblock.

3. Das Kabinett Kurt Georg Kiesinger (1966–1969):
Die Aufgabe der kommenden Jahre bestand darin, eine realistische Bestandsaufnahme der Bonner Deutschlandpolitik vorzunehmen und dementsprechend im Sinne der Entspannung zu handeln. In seiner Regierungserklärung betonte Kiesinger das Eintreten für „eine konsequente und wirksame Friedenspolitik“ und bezog, wenn auch verklausuliert, die DDR in den wieder angebotenen Gewaltverzicht mit ein. An dem Alleinvertretungsanspruch hielt er fest, bot jedoch der DDR Verhandlungen an.

Info 191, S. 9f.
Vogelsang, a.a.O., S. 303–321

12. April 1967
Text: Salzmann, a.a.O., Nr. 53

Am 30. Januar 1967 wurden diplomatische Beziehungen zu Rumänien, kurze Zeit darauf zu Jugoslawien aufgenommen. Dies bedeutete die stillschweigende Aufgabe der Hallstein-Doktrin, eines der bisherigen Grundpfeiler der Bonner Deutschlandpolitik.
Der Erfolg blieb jedoch aus zwei Gründen versagt:
- Wegen der Aufnahme diplomatischer Beziehungen mit den beiden „Ketzern“ im Ostblock, Tito und Ceaucescu. Als Reaktion darauf bezeichnete Moskau die BRep als „Spaltpilz der sozialistischen Weltbewegung“;
- wegen des Festhaltens an der Alleinvertretung.

Benannt nach dem Staatssekretär im Auswärtigen Amt, W. Hallstein, bedeutete diese Doktrin den Abbruch der politischen und wirtschaftlichen Beziehungen zu Staaten, die die DDR völkerrechtlich anerkannten. (offizielle Definition bei Schmid, a.a.O., S. 213, Q. 57)

5 Der Harmel-Bericht und das „Signal von Reykjavik“

Im Dezember 1966 richtete die NATO einen Ausschuss unter Vorsitz des belgischen Außenministers Pierre Harmel ein, der die Politik der Allianz angesichts der veränderten weltpolitischen Situation überprüfen sollte. In seinem abschließenden Bericht vom 14. Dezember 1967 stellte Harmel fest:
- Die Möglichkeit einer Krise kann nicht ausgeschlossen werden, solange die zentralen politischen Fragen in Europa, „zuerst und zunächst die deutsche Frage“, ungelöst bleiben;
- die vielschichtigen Fragenkomplexe müssen zwischen Ost und West bilateral (USA–SU) oder multilateral

Austritt Frankreichs aus der NATO-Organisation (1966); finanzielle Differenzen (Stationierungskosten etc.); unterschiedliche Deutschlandpolitik

M *utual*
B *alanced*
F *orces*
R *eduction*

(alle Paktstaaten im Osten und Westen) erörtert werden;
- die NATO unterbreitet hierfür den Vorschlag einer Rüstungsverminderung durch gegenseitigen, ausgewogenen Truppenabbau.

24./25. Juni 1968

Eine weitere Tagung der NATO-Außenminister in der isländischen Hauptstadt verstärkte die wesentlichen Punkte des Harmel-Berichts. Im Schlusskommuniqué, bekannt als „Signal von Reykjavik" heißt es:
- Das Endziel einer notwendigen Regelung der ungelösten Fragen in Europa ist eine dauerhafte Friedensordnung;
- Mittel und Methoden hierfür sind vertrauensbildende Maßnahmen (z. B. ausgewogener Truppenabbau) und die Berücksichtigung der Sicherheitsinteressen aller Beteiligten.

Auswirkungen auf die Deutschlandpolitik:
- Durch den Harmel-Bericht und das „Signal von Reykjavik" trat eine Wende der NATO-Politik zur Entspannung ein;
- das Bezugsfeld der Deutschlandpolitik war damit für die nächsten Jahre festgelegt.

6 Der internationale Rahmen der Deutschlandpolitik 1969 - 1995

Info 189, S. 22–28
Info 190, S. 33 ff.

Aus den Initiativen des WP und der Reaktion der NATO ergaben sich zahlreiche bi- und multilaterale Abrüstungsgespräche, Abkommen und Verträge, für deren Zustandekommen die „Lösung" der deutschen Frage eine entscheidende Voraussetzung gewesen war.

s. S. 118

Internationale Konferenzen für die Sicherheit in Europa

SALT I:	26.05.1972	USA-UdSSR. Ergebnis: Obergrenze für land- und seegestützte nukleare Raketensysteme	**S** *trategic* **A** *rms* **L** *imitation* **T** *alks*
SALT II:	18.06.1979	Festschreibung des strategischen Gleichgewichts	*wegen Afghanistan von US-Congress nicht ratifiziert*
KSZE:	01.08.1975	Alle europäischen Staaten außer Albanien + USA, Kanada. Ziele: Stabilisierung der Sicherheit, wirtschaftlichen Zusammenarbeit (UdSSR)	*Ergebnisse: Grundprinzipien der gegenseitigen Beziehungen, der Zusammenarbeit; humanitäre Verbesserungen*
INF:	08.12.1987	USA-UdSSR. Erste wirkliche Abrüstung (aller nuklearen Raketen von 150-5500 km Reichweite)	**I** *ntermediate-Range* **N** *uclear* **F** *orces*
START I:	31.07.1991	USA-UdSSR. Abbau des nuklearen Waffenpotenzials um ein Drittel	**S** *trategic* **A** *rms* **R** *eduction* **T** *alks*
START II:	03.01.1993	USA-Russland. Weitere Reduzierung strategischer Waffen bis ins Jahr 2003	
OSZE:	01.01.1995	55 europ. Staaten + USA, Kanada. Weiterentwicklung der KSZE. Inhalte: Demokratie, Menschenwürde, freundschaftliche Beziehungen	**O** *rganization for* **S** *ecurity and* **C** *ooperation in* **E** *urope*

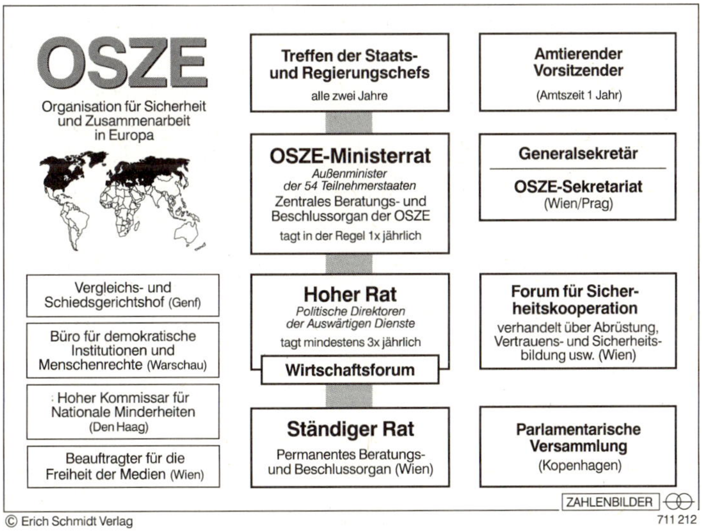

 711 212

10 Deutschlandpolitische Verträge als Bausteine des Systems der kollektiven Sicherheit

1 Das Selbstverständnis der beiden deutschen Staaten

s. S. 107 f.

Regierungserklärung Adenauers 1949: „Die Bundesrepublik Deutschland ist allein befugt, für das deutsche Volk zu sprechen."

22. Oktober 1969

„Nation umfasst und bedeutet mehr als gemeinsame Sprache und Kultur, als Staat und Gesellschaftsordnung. Die Nation gründet sich auf das fortdauernde Zusammengehörigkeitsgefühl der Menschen eines Volkes. Niemand kann leugnen, dass es in diesem Sinne eine deutsche Nation gibt und geben wird." (Bundeskanzler Willy Brandt am 14. Januar 1970; zit. nach Schmid, a.a.O., S. 215, Q. 64 b)

Albert Norden (Mitglied des Politbüros der SED) erklärte am 20. März 1973:

Mehr als zwei Jahrzehnte lang beherrschte der Anerkennungskonflikt das Verhältnis der beiden deutschen Staaten. Im Wesentlichen entstand er aus dem Anspruch der BRep, der einzige legitime, d.h. frei gewählte deutsche Staat zu sein, der deshalb allein berechtigt sei, für alle Deutschen zu sprechen. Dementsprechend wurde die staatliche Existenz der DDR konsequent verneint. Dies dokumentieren Bezeichnungen westdeutscher Politiker für die DDR, wie „SBZ", „Gebilde", „Mitteldeutschland", „so genannte DDR", „Machtbereich der SED", „der Unrechtsstaat auf deutschem Boden", „Phänomen", „Drüben" etc. Aus dieser prinzipiellen Unvereinbarkeit ergab sich der grundsätzliche Konflikt, der bis zum Regierungsantritt der sozial-liberalen Koalition das deutsch-deutsche Verhältnis bestimmte.

Nachdem der Anerkennungskonflikt durch die Akzeptierung der von der DDR aufgestellten 2-Staaten-These beigelegt worden war, konzentrierte sich die politische und propagandistische Auseinandersetzung zwischen der Bundesrepublik und der DDR auf die Frage, ob es nur eine deutsche Nation gebe oder ob man aufgrund der Entwicklung seit 1945 von zwei deutschen Nationen sprechen müsse. Die Bundesrepublik lehnte die 2-Nationen-These strikt ab, da eine freie Entscheidung der Deutschen in der DDR nicht gewährleistet sei, der Staat, d. h. konkret: die SED über die Köpfe der Bürger hinweg diese Frage entscheide und weil eine Anerkennung der 2-Nationen-These die vom Grundgesetz und dem Bundesverfassungsgericht verpflichtend vorgeschriebenen Wiedervereinigungsbestrebungen erschwere, wenn nicht gar unmöglich mache.

Im Gegensatz dazu vertrat die DDR die Ansicht, dass es aufgrund der besonderen Entwicklung in Deutschland nach 1945 eine „sozialistische Nation" (DDR) und eine

„kapitalistische Nation" (Bundesrepublik) gebe. Die Grundlagen des Nationenbegriffs, wie ihn die DDR verwendete, waren nicht aus der geschichtlichen Vergangenheit erwachsene Zusammengehörigkeitsfaktoren, sondern der Marxismus-Leninismus als herrschende Ideologie und das darauf basierende staatliche, gesellschaftliche und ökonomische System.

„Die Arbeiterklasse der DDR hat sich mit der Eroberung der politischen Macht als Nation konstituiert... Bei uns blüht die sozialistische Nation auf... während in der BRD die kapitalistische Nation... fortbesteht. Von... einer Einheit der Nation kann überhaupt keine Rede sein." (zit. nach Schmid, a.a.O., S. 215, Q. 64 a)

	Bundesrepublik Deutschland	**Deutsche Demokratische Republik**
Selbstverständnis	Das Deutsche Reich ist nicht untergegangen. Die Bundesrepublik besteht als Kernstaat fort. Die Regierung der Bundesrepublik ist die einzig demokratisch legitimierte Regierung in „Deutschland", die befugt ist, für alle Deutschen zu sprechen.	Das Deutsche Reich ist untergegangen. Auf dem Boden des ehemaligen deutschen Reiches sind zwei selbstständige Staaten neu entstanden, die gleichwertig sind (Äquivalenzthese).
Folge	Keine Anerkennung der DDR und Verhinderung einer solchen durch Dritte. Kein Verkehr auf staatlicher Ebene.	Forderung nach völkerrechtlicher Anerkennung. Anspruch auf den Status eines gleichberechtigten, souveränen und unabhängigen Staates
	Hallstein-Doktrin. Zäsur mit der ersten Regierungserklärung des Kanzlers der sozialliberalen Koalition in Bonn 1969. Brandt revidierte die der Deutschlandpolitik aller vorherigen Bundesregierungen zugrunde liegende Ein-Staaten-These.	Inanspruchnahme der „guten Dienste" verbündeter Staaten „Freundschaftsgesellschaften" (etwa DDR – Indien, DDR – Schweden u.a.)
	Nun galt: Zwei deutsche Staaten, aber eine Nation. Formalisierung der deutsch-deutschen Beziehungen durch den Grundlagenvertrag von 1972.	Es existieren nicht nur zwei deutsche Staaten, sondern mit der „sozialistischen DDR" und der „kapitalistischen Bundesrepublik" auch zwei Nationen.

W. Bruns, Deutsch-deutsche Beziehungen. Prämissen – Probleme – Perspektiven. Opladen 1979, S. 26

Regierungen und Koalitionen 1966–2000

1966–1969 (1.12./21.10.)	*Kiesinger CDU/CSU, SPD*
1969–1972 (21.10./14.12.)	*Brandt SPD, FDP*
1972–1974 (15.12./6.5.)	*Brandt SPD, FDP*
1974–1976 (16.5./15.12.)	*Schmidt SPD, FDP*
1976–1980 (15.12./5.11.)	*Schmidt SPD, FDP*
1980–1982 (5.11./1.10.)	*Schmidt SPD, FDP*
1982–1983 (1.10./6.3.)	*Kohl CDU/CSU, FDP*
1983–1987	*Kohl CDU/CSU, FDP*
1987–1990	*Kohl CDU/CSU, FDP*
1990–1994	*Kohl CDU/CSU, FDP*
1994–1998	*Kohl CDU/CSU, FDP*
1998	*Schröder SPD, Bündnis 90/ Die Grünen*

Info 203, S. 28;
Info 258, S. 32 f.
Hillgruber, a.a.O., S. 121 f.
Vogelsang, a.a.O., S. 353–375

2 Die Ausgangsposition Bonns und Ostberlins für die innerdeutschen Verhandlungen

28. Oktober 1969

Entscheidend für die Deutschlandpolitik der siebziger Jahre, für ihre Einordnung und Bewertung war die Ausgangsposition der beiden deutschen Staaten, wie sie sich aus der Regierungserklärung Brandts und dem Notenwechsel der beiden Staaten ergab.

Bonn	**Ostberlin**
– Die deutsche Frage kann nur in europäischer Friedensordnung gelöst werden	– Schaffung eines Systems der europäischen Sicherheit soll gefördert werden
– Das deutsche Volk hat das Recht auf Selbstbestimmung	
– Aufgabe: Wahrung der Einheit durch Entkrampfung zwischen Ost- und Westdeutschland	
– Ziel: Vom geregelten Nebeneinander zum Miteinander	– Ziel: Geregeltes Nebeneinander
– insofern auch Bedeutung für Frieden in Europa und das Ost-West-Verhältnis	– Wirkungsvoller Beitrag zur Entspannung und Sicherheit in Europa
– Verhandlungen auf Regierungsebene	– Regierungsebene
– keine völkerrechtliche Anerkennung der DDR; die beiden deutschen Staaten können nicht Ausland sein füreinander	– gleichberechtigter, souveräner Staat; Anerkennung auf Basis völkerrechtlicher Prinzipien
– Beziehungen zueinander können nur von besonderer Art sein	– völkerrechtliche Beziehungen
– Verhandlungsangebot: Gewaltverzicht	– Verhandlungsangebot: Gewaltverzicht
– Junktim zwischen Berlin und dem deutsch-deutschen Dialog; Berlins Status als Viermächte-Stadt muss bestehen bleiben	– Achtung des Status Westberlins als selbstständiger politischer Einheit; Beziehungen zu Westberlin auf dieser Basis
– –	– völkerrechtliche Anerkennung des territorialen Bestands (innerdeutsche Grenze, Oder-Neiße-Grenze)

Gegensätzliche Positionen

- Selbstbestimmungsrecht des deutschen Volkes
- Wahrung der Einheit
- völkerrechtlicher Status der DDR
- Beziehungen der beiden Staaten zueinander
- Status Berlins

Die Ausgangspositionen des innerdeutschen Dialogs für die innerdeutschen Verhandlungen

Aus der Regierungserklärung Brandts lassen sich auch die wesentlichen Unterschiede zu der Deutschlandpolitik der Jahre 1949–1969 ableiten:

- Wahrung der Einheit der Nation: Sie soll dadurch erreicht werden, dass „das Verhältnis zwischen den Teilen Deutschlands aus seiner gegenwärtigen Verkrampfung gelöst wird".
- Ziel: Verhinderung des weiteren Auseinanderlebens der Nation
- Weg:
  - Von einem geregelten Nebeneinander zu einem Miteinander, das durch Verträge und Abmachungen erreicht und bestimmt wird.
  - Anerkennung der staatlichen Existenz und der Souveränität der DDR.
  - Keine völkerrechtliche Anerkennung, da diese eine Wiedervereinigung unmöglich gemacht hätte.
  - Angebot des Gewaltverzichts und Anerkennung der innerdeutschen Grenze.
  - Verhandlungen auf Regierungsebene.

Diese Konzeption der Regierung Brandt/Scheel bedeutete de facto die Aufgabe der bisherigen Deutschlandpolitik.

Text: Salzmann, a.a.O., Nr. 56 und (auszugsweise) bei Schmid, S. 212, Q. 55; Bodensieck II, Nr. 65; vgl. hierzu auch die Antwort des Oppositionsführers R. Barzel, ebenda, Nr. 66

vgl. Egon Bahrs Tutzinger Konzept von 1963 „Wandel durch Annäherung"
(Text: Salzmann, a.a.O., Nr. 49)

Merkmale der Staatlichkeit:
- *effektive Staatsgewalt*
- *abgrenzbares Staatsgebiet*
- *Staatsvolk*

3 Die Aufnahme der Ost- und Deutschlandpolitik Brandts in der Bundesrepublik

Info 191, S. 24f.

Während die Angebote Brandts im Ausland, sowohl im Westen wie im Osten, als wesentliche Voraussetzung für die Entspannung auf große Zustimmung stießen, war die Aufnahme in der BRep sehr unterschiedlich und wurde je nach parteipolitischem Standpunkt heftig verteidigt (SPD, FDP) oder bekämpft (CDU, CSU).
Die Auseinandersetzung um die Verträge bestimmte die gesamte innenpolitische Atmosphäre in den Jahren 1969–1973 maßgeblich, zumal persönliche Angriffe, die Personalisierung der neuen Politik und das landsmannschaftliche Engagement der Heimatvertriebenen für zusätzliche Emotionen sorgten.

„Nur wer von Realitäten ausgeht, kann sie langfristig verändern." (E. Eppler, 11. Juli 1970; zit. nach Bodensieck II, Nr. 73)

„Wir sind nicht bereit, so genannte Realitäten zu respektieren oder gar anzuerkennen, die den Namen ‚Unrecht' tragen." (Karl Th. Frh. von und zu Guttenberg, CSU, 27. Mai 1970; zit. nach Bodensieck II, Nr. 69)

Info 203, S. 29
Info 189, S. 26
Hillgruber, S. 126 ff.
Text: Salzmann, Nr. 60
Bodensieck II, Nr. 78

4 Der Moskauer Vertrag

Das Zustandekommen:

Die sehr kurze zeitliche Differenz zwischen dem Regierungsantritt Brandts und der Unterzeichnung des Vertrags mit der SU (22. Oktober 1969/12. August 1970) ist folgendermaßen zu erklären:

- Seit 1966 war bereits, auf deutscher Seite im Wesentlichen durch die SPD, ein Meinungsaustausch durchgeführt worden;
- die Konzeption der sozial-liberalen Koalition entsprach in grundsätzlichen Bereichen den Forderungen der SU;
- das deutsch-sowjetische Verhältnis war frei von territorialen und staatsrechtlichen Belastungen;
- den Beteiligten war die grundlegende Bedeutung des Moskauer Vertrags für das Zustandekommen weiterer Verträge klar.

Die wichtigsten Inhalte der Ostverträge in: Info 189, S. 26

Der Inhalt:

Präambel: Übergeordnetes Ziel des Vertrags ist der Beitrag zum Frieden und zur Sicherheit in Europa und in der Welt; konkretes Ziel: bilaterale Zusammenarbeit zwischen den Vertragspartnern.

Art. 1: Konkretisierung des in der Präambel genannten Ziels; Aufrechterhaltung des internationalen Friedens und Erreichen der Entspannung.

Art. 2: Gegenseitiger Gewaltverzicht, Lösung eventueller Streitfragen mit friedlichen Mitteln.

Art. 3: Unverletzlichkeit der gegenwärtigen Grenzen in Europa, insbesondere der innerdeutschen und der Oder-Neiße-Grenze.

z. B. die Aufnahme diplomatischer Beziehungen zwischen der BRep und der SU im Jahre 1955

Art. 4: Frühere Verträge zwischen beiden Staaten werden durch diesen Vertrag nicht berührt.

Art. 5: Der Vertrag bedarf der Ratifizierung.

Die Bedeutung des Vertrages:

Der „Brief zur deutschen Einheit“: Sehr geehrter Herr Minister, im Zusammenhang mit der heutigen Unterzeichnung des Vertrages ...

Wichtig an diesem Vertrag, dessen beide letzte Artikel 4 und 5 inhaltlich nicht die Bedeutung der ersten Artikel haben, ist der am Tage der Unterzeichnung von der BReg an die SU übergebene und offiziell empfangene „Brief zur deutschen Einheit“. Er beinhaltete das Festhalten Bonns

an der Wiedervereinigung des deutschen Volkes in freier Selbstbestimmung. Ferner behielt sich Bonn eine friedliche Neuregelung der im Vertrag geachteten Grenzen ausdrücklich vor. Dieses zusätzliche Dokument hatte juristische und innenpolitische Bedeutung, da nun auch eine für den Laien erkennbare Verankerung des Wiedervereinigungsangebots erreicht und die Chance der Ratifizierung der Ostverträge im Bundestag erhöht worden war.
Wichtiger als der konkrete Inhalt des Vertrags ist seine Signalwirkung auf die folgenden deutschland- und ostpolitischen Verträge sowie die bi- und multilateralen Verhandlungen bzw. Verträge.

beehrt sich die Regierung der Bundesrepublik Deutschland festzustellen, dass dieser Vertrag nicht im Widerspruch zu dem politischen Ziel der Bundesrepublik Deutschland steht, auf einen Zustand des Friedens in Europa hinzuwirken, in dem das deutsche Volk in freier Selbstbestimmung seine Freiheit wiedererlangt… Walter Scheel.
(zit. nach Bodensieck II, Nr. 79; vgl. hierzu auch Nr. 81 + 82)

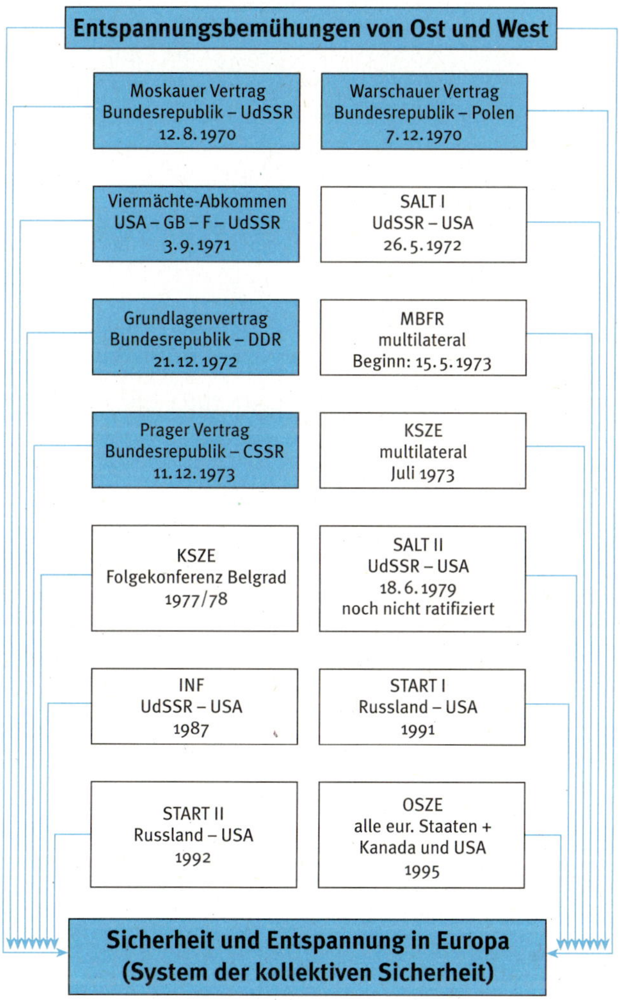

7. Dezember 1970

5 Der Warschauer Vertrag

Charakterisierung:

Hillgruber, a. a. O., S. 129 f.
Text bei: Salzmann, a. a. O., Nr. 62, und Bodensieck II, Nr. 84

Es handelt sich um einen Parallelvertrag zum Moskauer Vertrag. Er deckt sich bezüglich seines Inhalts und seiner wesentlichen Formulierung mit diesem und unterscheidet sich nur geringfügig durch spezielle deutsch-polnische Aspekte.

Inhalt:

Präambel: Schaffung von dauerhaften Grundlagen für ein friedliches Zusammenleben; normale Beziehungen; Unverletzlichkeit der Grenzen, Achtung der territorialen Integrität.

Art. 1: Die Oder-Neiße-Grenze wird als polnische Staatsgrenze genannt; die Vertragspartner haben keine Gebietsansprüche gegeneinander.

Art. 2: Gewaltverzicht; Lösung von Streitfragen ausschließlich mit friedlichen Mitteln.

Art. 3: Ausbau der Zusammenarbeit auf der Grundlage des Vertrags.

Art. 4: Früher geschlossene oder sie betreffende Vereinbarungen berührt der Vertrag nicht.

Art. 5: Der Vertrag bedarf der Ratifizierung.

Bewertung:

Zu den politischen und rechtlichen Bedenken der CDU/CSU gegenüber den Verträgen s. Bodensieck II, Nr. 95

Von größter Wichtigkeit sind die Bestimmungen, welche die ehemaligen deutschen Gebiete im Osten betreffen. Entscheidend war, dass die Bundesregierung auf sie verzichtete. Dieser Verzicht galt jedoch nicht für ein wiedervereinigtes Deutschland, das unter Beachtung des Gewaltverzichts eine territoriale Neuordnung anstreben konnte. Im 2+4-Vertrag und in einem Vertrag zwischen dem vereinigten Deutschland und Polen wurde dieses Problem 1990 endgültig im Sinne des Artikels 1 des Vertrags geregelt.

s. S. 132

6 Das Viermächte-Abkommen über Berlin

Text: Salzmann, a. a. O., Nr. 63 a und Bodensieck II, Nr. 87.
Info 203, S. 29 f.
Hillgruber, a. a. O., S. 129 ff.

Am 3. September 1971 unterzeichneten die ehemaligen Siegermächte das Abkommen, das praktische Verbesserungen der Lage Westberlins zum Inhalt hatte.

Inhalt:
- Die Verantwortung der vier Mächte bleibt von dem Abkommen unberührt, besteht also nach wie vor weiter;
- der Transitverkehr durch die DDR soll unbehindert fließen;
- die Westmächte betonen die Aufrechterhaltung der Bindungen Westberlins zur BRep, wobei sie berücksichtigen, dass Westberlin kein konstitutiver Teil der BRep ist und auch weiterhin nicht von ihr regiert werden kann;
- die SU verspricht Verbesserungen für die Westberliner im humanitären Bereich (z.B. Reiseverkehr);
- die Unterzeichneten gestehen der BRep die konsularische und diplomatische Vertretung Westberlins zu. Völkerrechtliche Abmachungen und Vereinbarungen der BRep dürfen auf Westberlin ausgedehnt werden.

vgl. auch Bodensieck II, S. 102 („Das Rahmenabkommen der vier Siegermächte über Berlin 1971") und ebenda Nr. 85 und Nr. 88; die wichtigsten Inhalte des Berlin-Abkommens in: Info 189, S. 26

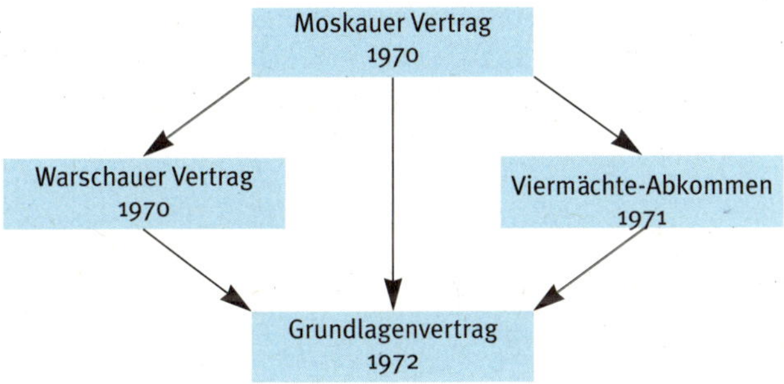

Die Verknüpfung der ost- und deutschlandpolitischen Verträge

Bewertung:

Das Abkommen hatte in vielerlei Hinsicht einen spezifischen Charakter:
- Es sollte erst unterzeichnet und von den Signatarmächten ratifiziert werden nach der Annahme der Ostverträge im BT. Diese sowjetische Forderung machte die enge Verknüpfung der ost- und deutschlandpolitischen Verträge deutlich;
- das Abkommen gab den Rahmen, innerhalb dessen die beiden deutschen Staaten die Vereinbarungen konkretisieren sollten; dies bedeutete de facto einen großen Verhandlungsspielraum für die DDR;

5. März 1969:
Die Bundesversammlung tritt zum vierten Mal in Westberlin zusammen und wählt G. Heinemann (SPD) zum Bundespräsidenten.

- die Einbeziehung eines „Landes Berlin" sowie die politische Nutzung Westberlins (Parteitage, Bundespräsidentschaftswahlen usw.) war nicht mehr möglich;
- die unterschiedlichen Rechtsstandpunkte bezüglich Berlins sowie die De-facto-Einbeziehung Ostberlins in die DDR wurden bewusst ausgeklammert;
- der Optimismus der Bundesregierung und die an das Abkommen geknüpften Erwartungen wurden jedoch durch inhaltliche Bestimmungen (Ausklammerung Ostberlins, Betonung des nichtkonstitutiven Charakters Westberlins) und durch negative Folgeerscheinungen (schwierige Verhandlungen mit der DDR, die ihre bessere Verhandlungsposition ausnutzte) getrübt.

„Berlin war ein Gradmesser für diese Spannungen. Jetzt besteht zum ersten Mal die Chance, diese Stadt zum Symbol für die Entspannung zu machen." (Bundespräsident W. Scheel über das Viermächte-Abkommen 1971)

7 Der Grundlagenvertrag

Hillgruber, a. a. O., S. 143 f.
Info 203, S. 29

Das Zustandekommen:

- Seit dem 27. November 1970 verhandelten die beiden Vertreter der deutschen Staaten, Egon Bahr (SPD) und Michael Kohl (SED);
- am 26. Mai 1972 unterzeichneten beide den Verkehrsvertrag. Er regelte im Wesentlichen Rechtsfragen für den Straßen-, Schienen- und Wasserverkehr zwischen beiden Staaten und sollte zu „erheblichen Erleichterungen im Reise- und Besuchsverkehr" führen.
  Seine Bedeutung liegt, abgesehen von den inhaltlichen Bestimmungen darin, dass er der erste Staatsvertrag zwischen der Bundesrepublik und der DDR war;
- noch vor Abschluss des Verkehrsvertrags begannen die konkreten Verhandlungen über den Grundlagenvertrag. Sie wurden auf zwei Ebenen geführt, einmal von den Regierungschefs Brandt und Stoph, die sich zu Gesprächen in Erfurt und Kassel trafen, zum anderen von den bereits genannten Unterhändlern;
- am 21. Dezember 1972 wurde der Vertrag in Ostberlin unterzeichnet und am 11. Mai 1973 nach heftigen Debatten und einem missglückten Misstrauensantrag gegen die Regierung Brandt vom Bundestag ratifiziert.

Bodensieck II, Nr. 91, vgl. auch ebenda, S. 110 f.

s. S. 125

19. März 1970 und 21. Mai 1970; Stophs „Grundsätzliche Ausführungen" von Erfurt: Salzmann, a. a. O., Nr. 58
Brandts 20 Punkte von Kassel: Salzmann, a. a. O., Nr. 59
Bodensieck II, Nr. 68

27. April 1972: statt der erforderlichen Mehrheit von 249 Stimmen erhält R. Barzel nur 247 Stimmen.

Das Vertragswerk:

Der Vertrag setzt sich genau genommen aus drei Teilen zusammen:

a) Aus den eigentlichen Bestimmungen, die den „Vertrag über die Grundlagen der Beziehungen zwischen der Bundesrepublik Deutschland und der Deutschen De-

Text: Salzmann, a. a. O., Nr. 66, und Bodensieck II, Nr. 97 mokratischen Republik“ (so der offizielle Titel) ausmachen. Insgesamt sind dies zehn Artikel;

b) dem Brief zur deutschen Einheit, der am Tage der Unterzeichnung an die DDR übergeben wurde und der das Festhalten der BRep an einer Wiedervereinigung des deutschen Volkes „in freier Selbstbestimmung“ betont;

c) einer Fülle von Anlagen (Zusatzprotokolle, Erklärungen, Briefwechsel etc.).

z. B. über die deutsche Staatsbürgerschaft, s. S. 123

Der Grund für die detaillierte Regelung dieser wichtigen Belange an dieser Stelle ist in dem Wunsch der DDR zu sehen, derartige Zugeständnisse aus optischen Gründen nicht an herausragender Stelle zu sehen.

Inhalt:

Präambel:
- Beitrag zur Entspannung und Sicherheit in Europa — *vgl. Ostverträge*
- Unverletzlichkeit der Grenzen — *vgl. Ostverträge*
- Gewaltverzicht — *vgl. Ostverträge*
- unterschiedliche Auffassung bezüglich der „nationalen Frage“

Art. 1: Gutnachbarliche Beziehungen auf der Grundlage der Gleichberechtigung — *Aufgabe der Hallstein-Doktrin*

Art. 2: Grundlage des Verhältnisses ist die Charta der Vereinten Nationen — *vgl. Ostverträge*

Art. 3: Gewaltverzicht, Achtung der Grenzen — *vgl. Ostverträge*

Art. 4: Keiner der Vertragspartner kann den anderen international vertreten oder in seinem Namen handeln — *Aufgabe des Alleinvertretungsanspruchs*

Art. 5: Beide Vertragspartner wollen einen Beitrag leisten zur Sicherheit und Zusammenarbeit in Europa, zur Abrüstung und Rüstungskontrolle — *KSZE MBFR*

Art. 6: Betonung der staatlichen Souveränität der Vertragspartner

Art. 7: Bereiche der zu normalisierenden Beziehungen: humanitärer Sektor, Wirtschaft, Wissenschaft, Technik, Verkehr

Art. 8: Austausch „ständiger Vertreter“ — *keine Botschafter, also keine völkerrechtliche Anerkennung*

Art. 9: Frühere Verträge werden nicht betroffen.

Art. 10: Der Vertrag bedarf der Ratifizierung.

Das Zusatzprotokoll über die Staatsbürgerschaft:

Es „löste" das grundlegende Problem (der nationalen Einheit, der Wiedervereinigung) durch einen Kompromiss, erlaubte es den Vertragspartnern, das eigentliche Kernproblem auszuklammern und ermöglichte so den Vertrag.
Die BRep bekräftigte ihre Auffassung, dass der Vertrag die Fragen der Staatsbürgerschaft nicht betreffe, dass es also nach wie vor nur *eine* deutsche Staatsbürgerschaft gebe.
Die DDR betonte, sie gehe davon aus, dass „der Vertrag eine Regelung der Staatsangehörigkeit erleichtern wird".

s. S. 113f.

Die Bewertung des Vertrags:

Erklärungen von Bundesminister Bahr und Bundeskanzler Brandt zum Grundlagenvertrag (Bodensieck II, Nr. 99 und Nr. 100)

Der Vertrag regelte die Beziehungen der beiden deutschen Staaten und steckte den Rahmen des deutsch-deutschen Verhältnisses ab. Insofern war er einmal vorläufiger Abschluss der Bonner Deutschlandpolitik im internationalen Rahmen und zum andern der Ausgangspunkt des innerdeutschen Verhältnisses bis 1990.

„In dem Vertrag ist sehr viel die Rede von den beiden Staaten der BRD und der DDR. Sie bekräftigen einander die Unverletzlichkeit ihrer Grenzen... Die Begriffe ‚Deutschland', ‚Deutsche Nation', ‚Deutsche Einheit' suchen Sie in diesem Vertrag vergebens... Darin, in der Nichterwähnung unseres politischen Ziels der deutschen Einheit, liegt ein schweres... Versäumnis." (Karl Carstens, Juni 1973; zit. nach Kampmann/Wiegand, a.a.O., S. 257)

- Die BRep konnte folgende Position halten:
  a) Festhalten an der Wiedervereinigung;
  b) die Frage der einen deutschen Staatsbürgerschaft (seit Unterzeichnung des Vertrags forderte die DDR aber die Anerkennung einer eigenen DDR-Staatsbürgerschaft);
  c) keine völkerrechtliche Anerkennung der DDR; d.h., die DDR ist nicht Ausland, die Beziehungen zwischen beiden Staaten sind „von besonderer Art". Davon profitierte die DDR vor allem auf wirtschaftlichem Gebiet; da sie für die BRep kein Ausland war, erhielt sie im innerdeutschen Handel Waren zu EG-Bedingungen;
  d) Verbesserung der menschlichen Beziehungen in gewissem Ausmaß.

Mauer, Grenze, Menschenrechte, Schießbefehl

- Sie konnte ihre Ziele nicht erreichen in folgenden Belangen:
  a) bezüglich der „inneren Angelegenheiten" der DDR;
  b) es bestand nach wie vor das grundlegende Problem, dass Erleichterungen im humanitären Bereich, die von der DDR rückgängig gemacht oder aufgeschoben werden konnten, von der BRep mit harter Währung (DM-West) erkauft werden mussten.

Reiseerleichterungen, Umtauschquoten, Rückkauf von politischen Gefangenen, Bau von Transitwegen etc.

Die innere Entwicklung der BRD 11

11.1 Die Regierungen

Konrad Adenauer (CDU): Während seiner Kanzlerschaft verzeichneten CDU und CSU wachsende Erfolge und errangen 1957 sogar die absolute Mehrheit. Verantwortlich dafür war das politische Gesamtkonzept Adenauers und Erhards erfolgreiche Wirtschaftspolitik. 1963 trat der 87-jährige Adenauer zurück und machte den Weg frei für Ludwig Erhard, der als „Vater des Wirtschaftswunders" hohes Ansehen genoss.

1949-1963

Erhard konnte die erste Wirtschaftskrise von 1965/66 nicht in den Griff bekommen. Als die FDP die Regierungskoalition aufkündigte, musste Erhard 1966 zurücktreten, zumal auch die eigene Partei nicht mehr geschlossen hinter ihm stand.

1963-1966

Kurt Georg Kiesinger führte eine „Große Koalition" aus CDU/CSU und SPD. Bei den Landtagswahlen von 1966/67 errang die rechtsradikale Nationaldemokratische Partei (NPD) große Erfolge und zog in fünf Landtage ein, was zu erheblichen innenpolitischen Spannungen führte. Seine Amtszeit war vor allem geprägt von dem wachsenden Gegensatz zwischen Staat und Außerparlamentarischer Opposition (APO).

1966-1969

Bayern, Hessen, Rheinland-Pfalz, Schleswig-Holstein, Niedersachsen

1969 gewann die SPD die Bundestagswahl. Kanzler einer sozial-liberalen Koalition (mit der FDP) wurde Willy Brandt. Seine neue Ost- und Deutschlandpolitik und seine Reformpolitik veränderten sowohl außen- als auch innenpolitisch viel. Die umstrittene Ost- und Deutschlandpolitik führte schließlich dazu, dass die Koalition ihre Mehrheit verlor. Die Ratifizierung der Ostverträge gelang nur, weil sich zahlreiche Abgeordnete der CDU der Stimme enthielten. Ein Misstrauensvotum der Opposition scheiterte am 27.4.1972 nur an einer Stimme. Im Mai 1974 trat Brandt wegen der langjährigen Tätigkeit eines DDR-Spions im Bundeskanzleramt zurück. Sein Nachfolger wurde Helmut Schmidt (SPD). Seine Regierung hatte mit einer Weltwirtschaftskrise zu kämpfen, die das Exportland Bundesrepublik stark beutelte, mit Ölkrisen und mit dem Terrorismus der RAF. 1980 gaben viele junge Protestwähler der neuen Partei der „Grünen" ihre Stimme, die in zahlreiche Landtage einzog und bundesweit sogar zur drittgrößten Partei wurde. Diese „alternative" Partei formierte sich als „Friedensbewegung", bekämpfte bzw. bekämpft die Kernenergie, die Belastung von Natur und Umwelt sowie die Zerstörung des ökologischen Gleichgewichts.

1969-1974

Reformen: Innerbetriebliche Mitbestimmung, Scheidungsrecht, Abtreibung (§ 218), Volljährigkeit mit 18, leichterer Zugang zu Hochschulen und Gymnasien

1974-1982

s. 11.3

1982-1998

Zu Beginn der achtziger Jahre wuchsen die politischen Spannungen innerhalb der sozial-liberalen Koalition. Die FDP wechselte 1982 die Seiten und ermöglichte Helmut Kohl (CDU) mit einem Misstrauensvotum die Kanzlerschaft. Die neue Regierungskoalition gewann auch die folgenden Bundestagswahlen (1983, 1987, 1990, 1994). Innenpolitisch konzentrierte sie sich auf die Verbesserung der wirtschaftlichen Situation, was ihr großenteils auch gelang, ohne dass sie allerdings das Hauptproblem, die Arbeitslosigkeit, in den Griff bekam. Außenpolitisch führte die Regierung Kohl die Ost- und Deutschlandpolitik ihrer Vorgängerinnen fort und war sowohl im deutschen als auch im europäischen Einigungsprozess (zusammen mit Frankreich) die treibende Kraft. Die wachsende Arbeitslosenzahl und die innerdeutschen Probleme, die sich aus der Vereinigung ergaben, beendeten die „Ära Kohl".

Kosten, Diskrepanz zwischen Versprechen und tatsächlicher Entwicklung

Die Bundestagswahlen von 1998 gewann die SPD. Sie bildete mit den „Grünen" eine neue Regierungskoalition und stellte mit Gerhard Schröder den neuen Kanzler.

11.2 Die wirtschaftliche Entwicklung

Der Marshall-Plan, eine kluge staatliche Wirtschafts- und Sozialpolitik und die Arbeits- und Erwerbsmentalität der Bevölkerung bewirkten in den 50er Jahren einen raschen und steilen wirtschaftlichen Aufschwung („Wirtschaftswunder"). Er war geprägt von hohen Wachstumsraten, vor allem in der Bau- und Automobilindustrie, von Exporterfolgen und dem völligen Abbau der Arbeitslosigkeit. Sogar „Gastarbeiter" wurden in zunehmenden Maße nötig. Das „Wirtschaftswunder" löste ein starkes „Wir-Gefühl" aus, stabilisierte den jungen Staat und erleichterte die Identifizierung mit der Demokratie.

„Wir sind wieder wer!"

Gründe:
Krise des Kohlebergbaus und damit des Ruhrgebiets

Seit Beginn der 60er Jahre hatte sich das wirtschaftliche Wachstum verlangsamt. Trotz seiner Appelle und Maßhalteparolen konnte Kanzler Erhard den Abwärtstrend nicht stoppen. Die Große Koalition bekämpfte deshalb die wirtschaftliche Krise mit einer antizyklischen staatlichen Konjunkturpolitik, mit der „Globalsteuerung", dem Stabilitätsgesetz, das die Stabilität des Preisniveaus erhalten und einen hohen Beschäftigungsgrad erzielen sollte. Die „Konzertierte Aktion", bestehend aus Vertretern des Staates, der Unternehmer und der Gewerkschaften, trug durch freiwillige Vereinbarungen wesentlich zur Verbesserung der wirtschaftlichen Gesamtlage bei. 1973 bewirkte die von den Erdöl produzierenden Staaten (Opec) ausgelöste Erdölkrise eine erneute Wirtschaftsrezession, die eine Inflation in Höhe von sieben Prozent, steigende Lebenshal-

Globalsteuerung: Gesamtwirtschaftliche Lenkungs- und Leitungsfunktion des Staates in Krisenzeiten

Drosselung der Ölförderung, Erhöhung der Preise aus überwiegend politischen Gründen tungskosten und wachsende Arbeitslosigkeit zur Folge hatte und ihren Höhepunkt 1975 erreichte. Brandt und Schmidt bekämpften die Rezession mit Konjunktur- und Antiinflationsprogrammen, Sparmaßnahmen, Senkung der Staatsverschuldung und einer neuen Rohstoff- und Energiepolitik. Diese Wirtschaftspolitik brachte jedoch keine rasche Verbesserung und trug deshalb zum Scheitern der sozial-liberalen Koalition (1982) bei. Maßvolle Lohnabschlüsse, eine steigende Inlandsnachfrage und positive Impulse aus dem Ausland führten seit Mitte der achtziger Jahre zu einer wirtschaftlichen Wende. Einige Probleme wurden von Kohl gelöst; bei anderen Problemen gelang dies nicht, sie wurden zu Dauerproblemen.

Förderung der Kernenergie, Nutzbarmachung neuer Energiequellen, Recycling

Staatsschulden, Inflation

Arbeitslosigkeit, Rentensicherung

11.3 Die innere Entwicklung der BRD

Das „Wirtschaftswunder" veränderte auch die Gesellschaft spürbar: Eine konsumorientierte Wohlstandsgesellschaft entstand, deren Statussymbole Reisen und Autos waren, und die durch ein neues Wohlstands- und Freizeitverhalten sowie durch veränderte Lebens- und Arbeitsgewohnheiten bestimmt war. Traditionelle Werte und Bindungen lockerten sich und in der zweiten Hälfte der 50er-Jahre entstand aus Kritik an der „Spießergesellschaft" die Subkultur der „Halbstarken", die ihre ideale Gesellschaft in den USA sahen und den „American way of life" nachahmten.

Familie, Partnerschaft, Kirche

Idole: Bill Hailey, James Dean, Elvis Presley

Die Kritik an den gesellschaftspolitischen Verhältnissen richtete sich Mitte der 60er-Jahre nicht nur gegen die Gesellschaft („Establishment"), sondern zunehmend gegen das ganze parlamentarische System und insbesondere gegen die als undemokratisch, als politische Klüngelei angesehene Große Koalition. Die so genannte Außerparlamentarische Opposition (APO), deren Kern der Sozialistische Deutsche Studentenbund (SDS) war, entstand an den Hochschulen. Ihre Ziele waren die radikale Demokratisierung, eine freie Gesellschaft mit gleichen Chancen, die souveräne Selbstbestimmung des Einzelnen, die Beseitigung von Tabus und eine kompromisslose Vergangenheitsbewältigung der Deutschen. Auch eine radikal-feministische „Neue Frauenbewegung" entstand. Die „neuen Linken" vertraten den Marxismus-Leninismus und befürworteten das sozialistische System der Ostblockstaaten. Ihre Vorbilder waren sozialistische Politiker und Ideologen. Als der BT im Juni 1968 die Notstandsgesetze verabschiedete, trug die APO ihre Proteste auf die Straße.
Massendemonstrationen, sit-ins und blutige Auseinander-

sexuelle Freizügigkeit, Wohngemeinschaften (Kommunen)

Mao, Ho-Chi-Minh, Che Guevara, Fidel Castro

massive Einschränkung von Grundrechten, Einsatz der Bundeswehr als Polizei im „inneren Notfall" setzungen mit teilweise rigoros vorgehenden „Ordnungskräften" waren die Folgen. Das Attentat auf den Studentenführer Rudi Dutschke (1968) führte in vielen Großstädten zu bürgerkriegsähnlichen Zuständen. Obwohl die APO auf Hochschulen und Schulen beschränkt blieb, politisierte sie dennoch die Bundesrepublik und veränderte langfristig das politische und gesellschaftliche Bewusstsein. Zu Beginn der 70er-Jahre zerfiel die APO, da die überwiegende Mehrheit der „68er" Veränderungen durch den „Marsch durch die Instutitionen" erreichen wollte und der radikale Flügel sich in der Rote-Armee-Fraktion (RAF) organisierte. Mit Hilfe zahlreicher Sympathisanten verübten die Terroristen Anschläge auf Kaufhäuser, Einrichtungen der Polizei und des Militärs, entführten und ermordeten Repräsentanten der Wirtschaft und des Staates. Mit dem Selbstmord ihrer inhaftierten Anführer nahm ihre Gefährlichkeit deutlich ab.

Andreas Baader, Ulrike Meinhof, Gudrun Ensslin, Jan Carl Raspe

Gegen Ende der siebziger Jahre kam es wegen der Aufstellung atomarer Mittelstreckenraketen in der BRD zu heftigen Auseinandersetzungen. Trotz massiver Protestveranstaltungen, die meist von der Friedensbewegung organisiert wurden, setzte sich Kanzler Schnidt durch, der den NATO-Doppelbeschluss vorgeschlagen hatte.

Fortsetzung der Abrüstungs gespräche, bei erfolglosem Verlauf ab 1983 verstärkte Aufrüstung

Trotz der wirtschaftlichen Rückschläge erreichten die Gewerkschaften die Reduzierung der wöchentlichen Arbeitszeit, die 1988 erstmals unter die 40-Stundengrenze rutschte. Deshalb tauchte der Begriff der „Freizeitgesellschaft" auf. Andere Schlagwörter waren die „neue Armut" als Folge der Arbeitslosigkeit und der schwachen wirtschaftlichen Entwicklung und die „Zweidrittelgesellschaft". Diese Schlagwörter lösten heftige Diskussionen über die Struktur und Effizienz des Sozialstaats aus.

Betroffene: Alleinerziehende, Kinderreiche, Alte

Zwei Drittel der Bevölkerung leben in Wohlstand, ein Drittel in Armut

Aufgrund des wirtschaftlichen Wachstums, das trotz aller Rückschläge immer noch bedeutend besser war als im Osten und Südosten Europas, kam es seit den 60-Jahren zu einem permanenten Zuzug in die BRD. Zunächst waren es Arbeitskräfte („Gastarbeiter"), vor allem aus der Türkei, aus Süd- und Südosteuropa, dann seit den 70er-Jahren deutschstämmige Aussiedler aus der UdSSR und anderen osteuropäischen Staaten sowie Übersiedler aus der DDR. Auch Asylbewerber aus allen Ländern der Welt ließen sich in der BRD nieder; viele von ihnen wurden dazu nicht nur aus politischen Gründen veranlasst.

Rentner, „Republikflüchtlinge", freigekaufte politische Gefangene, „Dissidenten" (aus DDR-Sicht)

Die gesellschaftliche Integration dieser Bevölkerungsgruppen war problematisch und gelang nur teilweise. Vor allem in den strukturschwachen Regionen und in Großstädten entstanden Ausländerfeindlichkeit und Rechtsextremismus.

NPD, Republikaner, Deutsche Volksunion, Skinheads, Neonazis

Die Vereinigung Deutschlands 12

1 Die Vereinigung als Kernproblem der Deutschlandpolitik im Jahre 1989

1.1 Wiedervereinigung aus Sicht der Bundesrepublik

s. S. 114 und S. 126

Trotz der Entspannung und des Grundlagenvertrags hielten beide deutsche Staaten an ihren deutschlandpolitischen Positionen fest. Die Bundesrepublik betonte nach wie vor die Einheit der Nation und das daraus resultierende Ziel der Wiedervereinigung. Sie stützte sich dabei neben der nationalen Zusammengehörigkeit aller Deutschen auf eine breite Rechtsgrundlage.

Dazu gehörten im Wesentlichen:

- Die Präambel des Grundgesetzes, die das so genannte Wiedervereinigungsgebot enthielt;

geändert durch Einingungsvertrag, s. S. 136

- die Übernahme der obersten Regierungsgewalt durch die Sieger (5. Juni 1945), die nicht den Untergang des deutschen Staates bedeutete. Daraus ergab sich die völkerrechtliche Grundlage der Wiedervereinigung;

„Die Übernahme der genannten Gewalt und Befugnisse… bewirkt nicht die Annexion Deutschlands." (Berliner Deklaration vom 5. Juni 1945)

- die provisorischen Bestimmungen des Potsdamer Abkommens bezüglich der deutschen Ostgebiete;
- die Präambel des Grundlagenvertrags betrachtete die Bundesrepublik als Offenhalten der deutschen Frage;

Die Vertragspartner schließen den Vertrag „unbeschadet der unterschiedlichen Auffassungen… zu grundsätzlichen Fragen, darunter zur nationalen Frage".

- für Berlin und Deutschland als Ganzes galten nach wie vor die alliierten Vorbehalte und damit die Viermächteverantwortlichkeit;
- Urteile des Bundesverfassungsgerichts als der höchsten, alle politischen Institutionen bindenden verfassungsrechtlichen Instanz.

z. B. das KPD-Urteil von 1957 und – vor allem – das Urteil zum Grundlagenvertrag vom 31. Juli 1973 (s. S. 124)

1.2 Das staatsrechtliche Selbstverständnis der DDR

Im Gegensatz zur Bundesrepublik veränderte die DDR ihr staatsrechtliches Selbstverständnis (und damit ihre Einstellung zur deutschen Frage) seit 1949 mehrfach:

- In den Anfangsjahren bestimmte die Zusammengehörigkeit aller Deutschen und damit die Wiedervereinigung die Deutschlandpolitik der DDR.

In seiner Regierungserklärung vom 12. Oktober 1949 forderte DDR-Ministerpräsident Grotewohl das Recht auf staatliche Selbstbestimmung für das ganze deutsche Volk. (Text: Info 203, S. 37)

- Seit Mitte der fünfziger Jahre vertrat die DDR die Zwei-Staaten-These, hielt jedoch an der Einheit der Nation (auf sozialistischer Grundlage) fest.

s. S. 98

s. S. 114

– Seit Ende der sechziger Jahre vertrat sie die Zwei-Staaten-zwei-Nationen-These. Ausschlaggebend für ihre Deutschlandpolitik waren nun die „unversöhnlichen Widersprüche und Gegensätze“ zwischen einem „kapitalistischen“ und einem „sozialistischen“ Deutschland. Wiedervereinigung wurde deshalb aus ideologisch-politischen Gründen für ebenso machbar gehalten wie „die Vereinigung von Feuer und Wasser“.

so Erich Honecker 1987

1.3 Wiedervereinigung aus der Sicht des Auslands

Seit Anfang der 60er Jahre wurde die Wiedervereinigung in den Augen der Westmächte immer mehr zum Deutschlandproblem. Wenn sie überhaupt noch unterstützt wurde, so war dies nichts anderes als ein Störfaktor der beginnenden Entspannung.

Die SU und die Mitgliedstaaten des Warschauer Paktes vertraten die Deutschlandpolitik der SED. Der sowjetische Generalsekretär Michail Gorbatschow bezeichnete die Existenz zweier souveräner und absolut gleichberechtigter deutscher Staaten als „historisch geschaffene Wirklichkeit“.

Gorbatschow, M.: Perestroika. Die zweite russische Revolution. München, 1987, S. 259ff.

Die Lösung der deutschen Frage solle man am besten der Geschichte überlassen; das Streben nach Wiedervereinigung sei „unrealistisch“ und „gefährlich“.

2 Die Revolution in der DDR

2.1 Auslösende Faktoren

Seit der Mitte der achtziger Jahre hatte die Opposition in der DDR an Stärke gewonnen. Vor allem die Kirchen, die Jugend und einzelne Persönlichkeiten wandten sich im Rahmen der Möglichkeiten gegen den Staat.

Für den wachsenden Unmut unter der Bevölkerung und das Erstarken oppositioneller Gruppen gab es eine Reihe von Gründen:

Politische Gründe:

- Die SED war alleinige Inhaberin der Macht;
- die Diskrepanz zwischen pseudodemokratischer Fassade und machtpolitischer Realität wurde immer deutlicher;
- die Blockparteien und Massenorganisationen fungierten als Handlanger der SED;
- die verfassungsrechtlich garantierten Grund- und Menschenrechte konnten nur in dem von der SED vorgegebenen Rahmen verwirklicht werden;

vgl. hierzu die Vorstaatlichkeit der Grundrechte in westlichen Demokratien

- die rigorose und oft brutale Ausschaltung politischer Gegner und Andersdenkender, die Willkür der Staatsorgane, vor allem der berüchtigten und gefürchteten Staatssicherheit (Stasi) erzeugten eine Atmosphäre von Unsicherheit, Angst und Hass.

Gesellschaftliche Gründe:

- Die Entwicklung der DDR zu einer Zweiklassengesellschaft und die damit verbundene unterschiedliche Lebensqualität;
- permanente Bevormundung, Gängelung und erzwungene Unterstützung des „sozialistischen Kampfes";
- eine unübersehbare Diskrepanz zwischen verfassungsrechtlicher Theorie und gesellschaftspolitischer Praxis erschütterte die Glaubwürdigkeit der SED;
- andere Bezugssysteme.

Funktionäre – Normalbürger

vgl. Art. 1 und 4 der Verfassung der DDR

Bundesrepublik, westliche Staaten generell, SU seit Gorbatschow, Ungarn, Polen

Wirtschaftliche Gründe:

- Niedriger Lebensstandard und schlechte Versorgungslage aufgrund der schwerfälligen Planwirtschaft;
- schlechte Wohnverhältnisse;
- eine nur mühsam funktionierende Infrastruktur;
- unverhältnismäßig teure „Luxusgüter";
- das unterschiedliche Warenangebot für DDR-Bürger und devisenstarke Ausländer.

z. B. Intershop-Läden, in denen nur mit Westwährung gekauft werden konnte

2.2 Die Revolution

Im Vorfeld der pompösen Geburtstagsfeier für den „ersten wirklich demokratischen Staat auf deutschem Boden" kam es zu einer Fluchtwelle (über Ungarn, Prag und Warschau) sowie zu ersten Protesten und Demonstrationen in Leipzig, Magdeburg und Dresden. Diese wurden vom Staatssicherheitsdienst in völliger Fehleinschätzung der Situation brutal niedergeschlagen. Während der offiziellen Feier begann die eigentliche Revolution auf dem Berliner Alexanderplatz.

2. Oktober Leipzig
5. Oktober Magdeburg und Dresden

7. Oktober, 17.00 Uhr

Gleichzeitig gingen in anderen Städten der DDR Hunderttausende auf die Straße. Die SED, überrascht vom Ausmaß der Proteste, entschloss sich zum „Dialog mit dem Volk", dessen Parolen nun wachsendes Vertrauen in die eigene Stärke widerspiegelten. Die Forderungen wurden umfassender und waren begleitet von massiver Kritik am Regime.

Parolen: „Wir sind das Volk", „Wir wollen keine Stasischweine", „Nieder mit der SED" etc.

Am 18. Oktober trat die SED die Flucht nach vorn an: Sie entmachtete den Staats- und Parteichef Erich Honecker, erklärte ihn zum Sündenbock und ersetzte ihn durch Egon Krenz. Das Ziel seiner „Wende" bestand jedoch nicht in

Offizielle Version: Das ZK der SED entsprach dem Wunsche Honeckers, ihn aus gesundheitlichen Gründen aus seinen Ämtern zu entlassen.

einer wirklichen Veränderung der gesellschaftspolitischen Verhältnisse, sondern in der „Wiedergewinnung der politischen Initiative" für die SED.
Nach weiteren zahlreichen Massendemonstrationen und einer erneuten Ausreisewelle ordnete die Führung der DDR am 9. November 1989 die Öffnung der Grenze an. Damit war jedoch die Bevölkerung nicht mehr zu beruhigen. Auf Druck der oppositionellen Gruppen und der Massen hin strich die Volkskammer schließlich am 1. Dezember 1989 die führende Rolle der SED aus der Verfassung. Dies bedeutete (de jure) das Ende der Vorherrschaft der SED.

3 Die äußeren Aspekte der Vereinigung

3.1 Der völkerrechtliche und politische Rahmen

„Im Hinblick auf die internationale Lage... behalten die Drei Mächte die bisher von ihnen ausgeübten oder innegehabten Rechte und Verantwortlichkeit in Bezug auf Berlin und Deutschland als Ganzes einschließlich der Wiedervereinigung Deutschlands und einer friedensvertraglichen Regelung." (Deutschlandvertrag von 1952/1955, Art. 2; s. S. 71f.)

Die alliierten Vorbehaltsrechte galten auch noch im Jahre 1990. Deshalb war die Wiederherstellung der deutschen Einheit in erster Linie abhängig von der Zustimmung der Siegermächte. Folgende rechtliche Vereinbarungen waren in diesem Zusammenhang bei der Vereinigung Deutschlands zu berücksichtigen:

- Das Fortbestehen Deutschlands als Völkerrechtssubjekt nach 1945;
- der Deutschlandvertrag von 1952 bzw. 1954, in welchem sich die westlichen Alliierten Vorbehaltsrechte „im Hinblick auf die internationale Lage" sicherten;
- entsprechende Rechte, die sich auch die SU gegenüber der DDR 1954 und 1955 vorbehielt.

Die entscheidende Bedeutung kam der Haltung der SU zu, da die Vereinigung Deutschlands die Entlassung des Bündnispartners DDR aus dem sowjetischen Machtbereich und eine tief greifende Änderung ihrer bisherigen Deutschlandpolitik bedeutete.

3.2 Der Wandel der sowjetischen Deutschlandpolitik

vgl. hierzu die „Sieben Fragen zur Einheit Deutschlands", die Schewardnadse am 19. Dezember 1989 dem Politischen Ausschuss des Europäischen Parlaments in Brüssel vortrug

Bis Mitte Dezember 1989 verlief die sowjetische Deutschlandpolitik in den gewohnten Bahnen. Die Rasanz der deutsch-deutschen Entwicklung, die fast täglichen Katastrophenmeldungen aus der DDR sowie die inneren Verhältnisse in der SU erzwangen einen Wandel der sowjetischen Deutschlandpolitik. Mitte Dezember 1989 wich die

SU zum ersten Male vom bisherigen Kurs ab und zog die Möglichkeit einer Vereinigung in Betracht. Am 10. Januar 1990 sicherte Gorbatschow den Deutschen das Recht zu, in *einem* Staat leben zu können. Damit war die entscheidende Voraussetzung für die Lösung der deutschen Frage auf internationaler Ebene geschaffen.

3.3 Die 2 + 4-Verhandlungen

Auf der KSZE-Konferenz von Ottawa einigten sich Anfang des Jahres 1990 die Außenminister der vier Siegermächte auf die 2 + 4-Formel. Die Verhandlungen, an denen hochrangige Politiker der 4 Siegerstaaten und der beiden deutschen Staaten teilnahmen, sollten bis Ende des Jahres abgeschlossen sein. Folgende Stationen dieses Prozesses waren von besonderer Bedeutung:

13. Januar 1990: Besprechung der „äußeren Aspekte der deutschen Einheit, einschließlich der Fragen der Sicherheit der Nachbarstaaten"

- Das erste 2 + 4-Treffen fand in Bonn statt und beschäftigte sich mit den vier Grundfragen, die es zu lösen galt: Mit der völkerrechtlichen Regelung der Aufgabe der alliierten Vorbehaltsrechte, dem Berlin-Problem, politisch-militärischen Fragen und Grenzfragen. Eine Einigung konnte aufgrund der unterschiedlichen Ausgangspositionen nicht erzielt werden. *5. Mai 1990*
- Eine Annäherung der Standpunkte erreichte Außenminister Genscher in einer Reihe von Gesprächen mit seinem sowjetischen Amtskollegen Schewardnadse. *23. Mai Genf, 11. Juni Brest, 18. Juni Münster*
- Von großer Bedeutung waren die gleich lautenden Entschließungen des Bundestags und der Volkskammer, in der die Bereitschaft ausgedrückt wurde, die Oder-Neiße-Grenze durch einen völkerrechtlichen Vertrag als polnische Staatsgrenze anzuerkennen. Spätestens zu diesem Zeitpunkt konnte nicht mehr von „Wiedervereinigung" (im Sinne der Grenzen vom 31. Dezember 1937) gesprochen werden. *21. Juni 1990*
- Das zweite 2+4-Treffen im Ostberliner Schloss Niederschönhausen endete vor allem wegen der unterschiedlichen militärischen Vorstellungen ohne Ergebnis. *21. Juni 1990*
- Deshalb schlugen die Mitgliedstaaten der NATO den Warschauer-Pakt-Staaten eine gemeinsame Erklärung vor, sich nicht mehr als Gegner zu betrachten. Eine Überprüfung der Sicherheitspolitik der NATO auf dieser Grundlage wurde angekündigt. Das vereinte Deutschland werde jedoch ein unentbehrlicher Stabilitätsfaktor der NATO sein. *5./6. Juli 1990*

14.–16. Juli 1990 Moskau und Schelesnowodsk

– Der Durchbruch wurde Mitte des Jahres durch deutsch-sowjetische Gespräche in Moskau und im Kaukasus erreicht. Gorbatschow stimmte (gegenüber Kohl und Genscher) der Einheit Deutschlands, der Aufgabe der Viermächteverantwortlichkeit und der freien Bündniswahl des vereinten Deutschland zu. Gleichzeitig wurden deutsch-sowjetische Verträge vereinbart, die den Abzug der sowjetischen Truppen aus der DDR und die wirtschaftliche Kooperation zwischen beiden Staaten betrafen.

17. Juli 1990

– Beim dritten 2+4-Treffen in Paris einigten sich die Außenminister (in Anwesenheit des polnischen) auf die endgültige Regelung der Oder-Neiße-Grenze und darauf, dass das Schlussdokument der 2+4-Verhandlungen alle Bestimmungen zur deutschen Einheit enthalten solle, so dass ein Friedensvertrag nicht mehr notwendig sei.

17. August Moskau, 5. September Bonn

– In weiteren deutsch-sowjetischen Gesprächen präzisierten die beiden Staaten die vereinbarten bilateralen Verträge.

12. September 1990

– Auf dem vierten und letzten 2+4-Treffen in Moskau wurde der „Vertrag über die abschließende Regelung in Bezug auf Deutschland" feierlich unterzeichnet.

Ratifizierung durch die Parlamente der westlichen Siegerländer: 1. Oktober 1990

– Mit der Ratifizierung durch den Obersten Sowjet am 4. März 1991 erhielt Deutschland formell und völkerrechtlich seine volle Souveränität.

3.4 Die Inhalte des Vertrags

Der Vertrag besteht aus zehn Artikeln und einer Protokollnotiz und enthält folgende Bestimmungen:

Deutsch-polnischer Vertrag vom 14. November 1990

– Art. 1: Die Grenzen des vereinten Deutschlands sind die der Bundesrepublik und der DDR. Deutschland wird in einem Vertrag mit Polen die Oder-Neiße-Grenze bestätigen; es hat keine Gebietsansprüche und wird auch keine erheben.
– Art. 2–6: Regelung friedens- und sicherheitspolitischer Aspekte.
– Art. 7: Die vier Siegermächte beenden ihre Rechte und Verpflichtungen in Bezug auf Berlin und Deutschland, das damit seine volle Souveränität erhält.
– Art. 8–10 regeln die vertragstechnischen Aspekte.

Art. 5: Keine Stationierung ausländischer Truppen und atomarer Waffen auf dem Gebiet der ehemaligen DDR nach Abzug der sowjetischen Truppen

– Die Protokollnotiz präzisiert den Art. 5 dahingehend, dass Deutschland diesen Punkt in „vernünftiger und verantwortungsbewusster" Weise so entscheidet, dass die Sicherheitsinteressen aller Vertragsparteien berücksichtigt werden.

3.5 Die Bedeutung des 2 + 4-Vertrags

Er ist in vielfacher Hinsicht eines der wichtigsten Dokumente der Nachkriegszeit:
- Er ersetzt viereinhalb Jahrzehnte nach Kriegsende den Friedensvertrag und schließt damit das Kapitel des 2. Weltkriegs endgültig ab;
- er beendet die Teilung Deutschlands und Berlins und ist die entscheidende völkerrechtliche Grundlage für das vereinte Deutschland;
- er führte zu einer weiteren Entspannung zwischen Ost und West und
- beschleunigte die Einigung Europas.

4 Die inneren Aspekte der Vereinigung

4.1 Die Volkskammerwahl vom 18. März 1990

Die Vorgeschichte:

Am 11. November 1989 wählte die Volkskammer Hans Modrow (SED) zum Ministerpräsidenten. Trotz einiger demokratischer Verbrämungen bestand auch sein Ziel in erster Linie darin, der SED das Überleben und die größtmögliche Erhaltung der Macht zu sichern. Er verschleierte die tatsächliche wirtschaftliche Situation, das ungeheure Ausmaß der SED-Misswirtschaft, hielt an den alten Strukturen, z.B. an der Stasi, fest und lehnte die Vereinigung Deutschlands kategorisch ab, obwohl das Volk immer direkter und vehementer die wirtschaftliche und politische Vereinigung forderte.

Bisherige Funktion: 1. Sekretär der SED für den Bezirk Dresden

In dieser Situation einigten sich Modrow und der Runde Tisch, an dem Vertreter der Regierung und der oppositionellen Gruppen saßen, auf Volkskammerwahlen am 6. Mai 1990. Die permanente und rapide Verschlechterung der wirtschaftlichen und damit der innenpolitischen Situation erzwang jedoch die Vorverlegung der Wahl auf den 18. März 1990.

Losungen:
„Wir sind ein Volk"
„Deutschland einig Vaterland"
„Kommt die D-Mark, bleiben wir. Kommt sie nicht, gehn' wir zu ihr".

Der Wahlkampf der ersten freien Parlamentswahl im Osten Deutschlands seit 58 Jahren wurde nicht von wirtschaftlichen und politischen Sanierungsprogrammen geprägt, sondern ausschließlich von der Frage der Vereinigung. Während einige wenige Parteien die Erhaltung der Eigenständigkeit der DDR forderten, waren sich die anderen einig in dem vorrangigen Ziel der Vereinigung. Umstritten war lediglich deren Tempo. Die konservative „Allianz für Deutschland" bevorzugte eine Art möglichst

Letzte freie Wahl: November 1932

Art. 23: *Beitritt „anderer Teile Deutschlands" zum Geltungsbereich des Grundgesetzes*
Art. 146: *Schaffung einer neuen Verfassung, „die von dem deutschen Volke in freier Entscheidung" zu beschließen ist*

schnelle Vereinigung über Art. 23 GG, die SPD einen langsameren Beitritt über Art. 146 GG.

Vereinigung nach Schaffung einer neuen, gemeinsamen Verfassung

Ergebnis und Analyse:

Zur Überraschung aller gewann nicht die allgemein favorisierte neu gegründete SPD, sondern die CDU, die bis zum Oktober 1989 als Blockpartei im Gleichschritt mit der SED marschiert war. Sie gewann mit großem Vorsprung und verfehlte zusammen mit der DSU und dem DA die absolute Mehrheit nur knapp. Ausschlaggebend hierfür waren die starke Unterstützung durch die westliche Schwesterpartei, der Regierungs- bzw. Kanzlerbonus (der CDU bzw. Kohls) sowie der Wunsch der Masse nach möglichst schneller Vereinigung. Das deprimierende Ergebnis der SPD ist in erster Linie darauf zurückzuführen, dass sie Art. 146 bevorzugte, vor einer übereilten Vereinigung und deren unkalkulierbaren Kosten warnte.

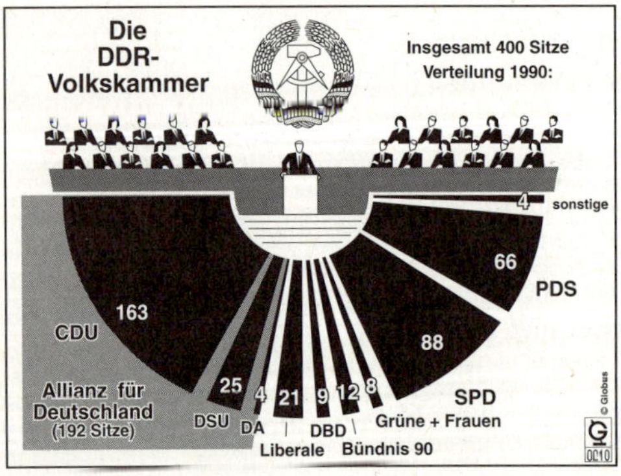

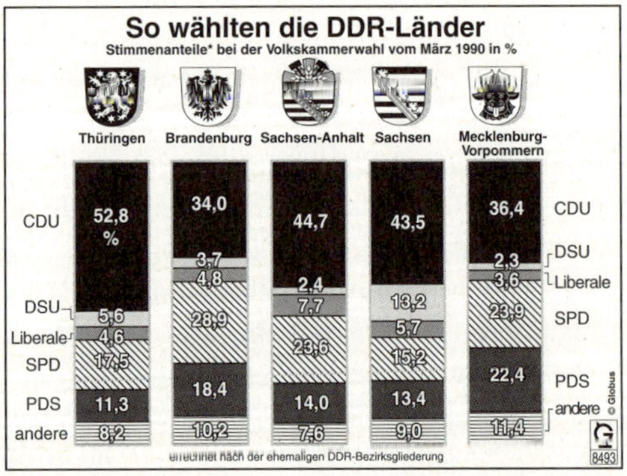

Die inzwischen in PDS umgetaufte ehemalige SED gewann angesichts der Verhältnisse erstaunlich viele Wählerstimmen, da sie systematisch die Ängste der Bevölkerung schürte und zudem von den bisher Privilegierten gewählt wurde, die sich von ihr Schutz und Besitzstandswahrung erhofften.

„Partei des Demokratischen Sozialismus“

vgl. hierzu das Ergebnis der PDS in Berlin (Ost)

Zusammen mit der SPD war das Bündnis 90 der große Verlierer der Wahl, da sich in ihm die eigentlichen Initiativgruppen der Revolution vereinigt hatten. Ausschlaggebend für ihr schlechtes Ergebnis war das Festhalten an der Eigenständigkeit der DDR und an einem modifizierten Sozialismus als dem angeblich besseren System. Beide Ziele fanden nach 40 Jahren sozialistischer Herrschaft in einer heruntergewirtschafteten DDR kaum Anhänger.

Bündnis 90: Neues Forum, Demokratie Jetzt, Initiative Freiheit und Menschenrechte

Bärbel Bohley (Neues Forum) in einem Interview mit der „Frankfurter Rundschau“ vom 9. November 1989: „Die Ausbeutung des Menschen und der Natur, wie im Westen betrieben, kann nicht unser Ziel sein.“

4.2 Der Staatsvertrag

Zustandekommen:

Zwei Monate nach der Volkskammerwahl unterzeichneten die Finanzminister der beiden deutschen Staaten den Staatsvertrag, der die wirtschaftlichen und sozialen Grundlagen der Vereinigung detailliert festlegte. Er trat nach der Billigung durch beide Parlamente bereits am 1. Juli 1990 in Kraft.

18. Mai 1990. Offiziell: „Vertrag über die Schaffung einer Währungs-, Wirtschafts- und Sozialunion zwischen der Bundesrepublik Deutschland und der Deutschen Demokratischen Republik“
Text: Bundeszentrale für politische Bildung (Hrsg.): Verträge zur deutschen Einheit. Bonn, 1990, S. 7ff.

Wesentliche Inhalte:

- Einheitliches Wirtschaftsgebiet (= Währungs- und Wirtschaftsunion);
- Einführung der bundesrepublikanischen Währung in der DDR zu bestimmten Umtauschkursen;
- Liberalisierung des Handels (= Aufgabe der Planwirtschaft);
- generelle Strukturanpassung der DDR-Wirtschaft;
- Einführung der Sozialen Marktwirtschaft in der DDR;
- Verbesserung der Umweltsituation in der DDR;
- Übernahme des bundesrepublikanischen Systems der sozialen Sicherheit durch die DDR.

4.3 Der Einigungsvertrag

Der umfangreiche Einigungsvertrag vom 31. August 1990 war die rechtliche Grundlage für die Einheit Deutschlands auf deutsch-deutscher Ebene. Er beinhaltet folgende wichtige Bestimmungen:

- Beitritt der DDR bzw. der zu schaffenden Länder zum Geltungsbereich des Grundgesetzes;

Offiziell: „Vertrag zwischen der Bundesrepublik Deutschland und der Deutschen Demokratischen Republik über die Herstellung der Einheit Deutschlands – Einigungsvertrag“
Text: Verträge zur deutschen Einheit (s. o.), S. 41ff.

- die Vereinigung Berlins zu einem Bundesland;
- Berlin wird Hauptstadt, über den Regierungssitz wird später entschieden;
- Änderung der Präambel des Grundgesetzes, da sie in der bisherigen Fassung durch die Vereinigung in Teilbereichen obsolet wurde;
- Übertragung des bundesrepublikanischen Rechts auf die ehemalige DDR;
- Rehabilitierung politisch Verurteilter;
- Regelung von Eigentumsfragen;
- das Vermögen der DDR wird Bundesvermögen;
- das Vermögen des Ministeriums für Staatssicherheit erhält die Treuhand-Gesellschaft;
- Angleichung der Finanzverfassung der neuen Bundesländer.

Anstalt, die laut Einigungsvertrag, Art. 25, mit der wettbewerblichen Strukturierung und Privatisierung der früher volkseigenen Betriebe beauftragt ist

4.4 Die Bedeutung der beiden Verträge

Die Verträge beendeten die mehr als vierzigjährige Teilung Deutschlands und bedeuteten das Ende der Deutschen Demokratischen Republik. Sie lösten auf der deutschen Ebene *das* europäische Kernproblem seit 1945 und brachten gleichzeitig durch die Integration der neuen Bundesländer den europäischen Einigungsprozess weiter voran.

4.5 Die Vereinigung Deutschlands

Am 3. Oktober 1990 feierten die Deutschen unter großer Anteilnahme des Auslandes die nationale und territoriale Vereinigung ihres Landes und damit das Ende der mehr als vierzigjährigen Teilung. Entscheidend war, dass Deutschland seine Einheit in Zusammenarbeit und in voller Übereinstimmung mit seinen Nachbarn und Partnern auf friedlichem Wege erreicht hatte.

Im Inland wurde die Einigung von der überwiegenden Mehrheit der Bürger vor allem als Überwindung des unnormalen Zustands gefeiert, der das Leben des gesamten deutschen Volkes bestimmt hatte. In die Freude und das Erstaunen über die unerwartete Lösung der deutschen Frage mischten sich allerdings auch skeptische Töne. Sie betrafen vor allem das Tempo des Vereinigungsprozesses und daraus eventuell resultierende längerfristige finanzielle, wirtschaftliche und gesellschaftliche Probleme.

Die „Sunday Times" befürchtete bereits am 12. November 1989 das Aufkommen eines „Fourth German Reich".

Im Ausland hatten sich zunächst Zustimmung und Skepsis die Waage gehalten. Vor allem in Israel und Großbritannien, jedoch auch in anderen europäischen Ländern wurde unter Bezug auf die europäische Geschichte des 19. und 20. Jahrhunderts die Möglichkeit eines deutschen Rückfalls in nationalstaatliches Denken sowie die wirtschaftliche (und damit auch politische) Dominanz des vereinten Deutschlands in Europa befürchtet. Im Verlauf des Vereinigungsprozesses setzte sich jedoch eine nüchterne Betrachtungsweise durch, die vor allem die demokratische Stabilität der Bundesrepublik, ihre politische Verlässlichkeit und die positive Auswirkung der deutschen Einheit auf den europäischen Einigungsprozess betonte.

4.6 Auf dem Weg zur inneren Einheit

Ein Jahrzehnt nach der Vereinigung ist die Frage nach dem Grad der inneren Einheit schwer zu beantworten. Viele Versprechungen, entstanden aus der Vereinigungseuphorie oder aus wahltaktischem Kalkül, konnten bisher noch nicht oder nur teilweise verwirklicht werden. Der mühsame und komplizierte Prozess des Zusammenwachsens glich anfangs einer Achterbahn, auf der sich Euphorie und Niedergeschlagenheit, Aufbruchstimmung und Resignation, Selbstbewusstsein und hartnäckige Zweifel in rascher Folge abwechselten.

Die neuen Bundesländer befinden sich immer noch in einer schwierigen Umbruchsphase und haben vor allem in den ehemaligen Industriegebieten der DDR und den agrarisch strukturierten Gebieten mit erheblichen wirtschaftlichen (und damit sozialen) Problemen zu kämpfen. Dies verdeutlichen die im Vergleich zu den alten Bundesländern hohen Arbeitslosenzahlen.

Allein in den Jahren 1992 bis 1995 flossen nach amtlichen Angaben insgesamt 674,5 Mrd. DM aus öffentlichen Mitteln in die neuen Bundesländer (1992: 151,0; 1993: 162,4; 1994: 165,6; 1995: 195,5 (zit. nach: Vesper, D.: „Milliardengrab Ost"? in: Deutschland Archiv, 6/1995, S. 575)

Immer noch müssen Gräben zwischen Ost und West überwunden („Ossis – Wessis") und Spannungen abgebaut werden. Die mühsame Beseitigung der DDR-Altlasten und der schwierige Neuaufbau im Osten Deutschlands haben die Geduld auf der einen Seite und die Opferbereitschaft auf der anderen strapaziert. Dennoch gewinnt das Bild von den „blühenden Landschaften", das 1990 versprochen wurde, allmählich Konturen. Deutliche Fortschritte sind – trotz aller individueller oder regionaler Probleme – in den Bereichen Infrastruktur, wirtschaftliche Entwicklung, Angleichung der Lebensverhältnisse in Ost und West, Arbeitsmarktpolitik und sozialer Ausbau unübersehbar.

Zur Umstellungsproblematik der Ostdeutschen vgl. Schmid, S. 241, B74

Glossar

Die freiheitlich demokratische Grundordnung (fdGo)

Sie wird im Artikel 20 des Grundgesetzes charakterisiert, der eine „Verfassung in Kurzform“ ist. Er enthält die tragenden Grundsätze unseres Staatsaufbaus, die gemäß Artikel 79, Abs. 3 auch nicht im Wege der Verfassungsänderung beseitigt werden können.

Artikel 20 entwirft das Ideal der „sozialen Demokratie in den Formen des Rechtsstaats“. Dies umfasst folgende Bereiche:

a) Föderalismus (Die Bundesrepublik Deutschland ist ein … Bundesstaat);
b) demokratischer Staatsaufbau, d. h., das Volk ist der primäre Träger der Staatsgewalt;
c) Gewaltenteilung;
d) Sozialstaatlichkeit: Sammelbegriff für alle Pflichten des Staates gegenüber dem Einzelnen, z.B. Schaffung von sozialer Gerechtigkeit, Achtung der Menschenwürde als oberstem Gebot und damit eng verknüpft die
e) Rechtsstaatlichkeit: Bindung aller staatlicher Institutionen an Verfassung und Gesetz; Vorrang des Gesetzes gegenüber jeder anderen staatlichen Willensäußerung; Nachweis bestimmter Prinzipien innerhalb der Rechtsprechung (z.B. ist ein Angeklagter unschuldig bis zum Nachweis der Tat; Strafgesetze gelten nicht rückwirkend).

Friedliche Koexistenz

Auf dem XX. Parteitag der KPdSU (1956) von Chruschtschow propagiertes Schlagwort für den friedlichen Wettbewerb zwischen Staaten unterschiedlicher Gesellschaftsordnung. Sie resultierte aus der Erkenntnis, dass die Weltrevolution vorerst nicht durchzusetzen war und der technische Vorsprung der westlichen Staaten nur mit deren Hilfe aufgeholt werden konnte. Die Tatsache, dass die friedliche Koexistenz nicht auf den ideologischen, sondern nur auf den wirtschaftlichen Bereich bezogen wurde, sollte deutlich machen, dass das nach wie vor langfristig übergeordnete Ziel der Weltrevolution nicht preisgegeben, sondern nur zurückgestellt wurde.

Junktim

Verbindung politischer Maßnahmen (z. B. von Verträgen) zur gleichzeitigen Erledigung. Konkret bestand ein Junktim zwischen den Ostverträgen und dem Viermächte-Abkommen über Berlin sowie zwischen Ostverträgen, Viermächte-Abkommen und Grundlagenvertrag.

Kalter Krieg

Der vom amerikanischen Journalisten Walter Lippmann 1947 erstmalig geprägte Begriff charakterisiert die ideologischen, wirtschaftlichen und vor allem machtpolitischen Beziehungen zwischen USA und SU von 1947–1955 und das daraus resultierende feindliche Verhältnis. Er bezeichnet Formen der Auseinandersetzung zwischen Ost und West, in der sich die Großmächte auf den genannten Ebenen bekämpften ohne direkt bewaffnete Gewalt anzuwenden.

Als Beginn des Kalten Krieges wird allgemein die Rede des Mitglieds des Zentralkomitees der KPdSU A. Shdanow vom September 1947 angesehen, in der er die „Zwei-Lager-Theorie“ (imperialistisches Lager unter Führung der USA – friedliches Lager unter Führung der SU) verkündete.

Er fand seinen ersten Höhepunkt in der Berlin-Blockade 1948/1949 und weiterte sich im Koreakrieg (1950–1953) auf Asien aus. Mit dem atomaren Patt, dem „Gleichgewicht des Schreckens“, das die SU um die Mitte der fünfziger Jahre erreicht hatte, wurde der risikoreiche Kalte Krieg von beiden Seiten zugunsten der Anerkennung des Status quo und der friedlichen Koexistenz aufgegeben.

Konstruktives Misstrauensvotum

Ein im Gegensatz zum einfachen Misstrauensvotum (vgl. Weimarer Reichsverfassung) erschwertes Verfahren der Regierungsablösung.
Die den Misstrauensantrag unterstützenden Parteien des Bundestags müssen sich auf einen gemeinsamen Kanzlerkandidaten einigen, der nach erfolgreichem Misstrauensvotum, d.h. mehr als 50 % aller Abgeordneten des BT müssen für ihn gestimmt haben, die Regierung übernimmt.
Dadurch wird die Stellung des amtierenden Regierungschefs gestärkt und häufiger Regierungswechsel vermieden.

NATO (North Atlantic Treaty Organization)

Nordatlantischer Militärpakt mit defensivem Charakter. Mitgliedsländer: USA, Kanada, Island, Großbritannien, Frankreich (zog sich 1966 aus der militärischen Organisation zurück, ist jedoch nach wie vor Mitglied), die Benelux-Staaten, die Bundesrepublik, Italien, Portugal, Griechenland, Türkei, Norwegen, Dänemark.

Oberstes Organ der NATO ist der NATO-Rat, der normalerweise auf der Ebene der Botschafter, zweimal im Jahr jedoch auf Ministerebene (Verteidigungs- und Außenminister) tagt. Daneben existiert das Generalsekretariat, das die Aufgaben und Tätigkeiten der verschiedenen Ausschüsse koordiniert.

OECD (Organization for European Cooperation and Development)

Die Organisation für europäische Zusammenarbeit und Entwicklung entstand 1960 aus der nur westeuropäische Staaten umfassenden OEEC. Als wichtigste Länder kamen die USA, Kanada, Japan und Neuseeland hinzu.

OEEC (Organization for European Economic Cooperation)

Die Organisation für europäische wirtschaftliche Zusammenarbeit entstand im April 1948 in Paris als ständige Organisation zur Vorbereitung, Entgegennahme und Verwendung der amerikanischen Hilfsmittel aus dem Marshall-Plan.

RgW (Rat für gegenseitige Wirtschaftshilfe)

Oft auch als Comecon (Council für Mutual Economic Assistance) bezeichnet. Er wurde als Wirtschaftsorganisation der sozialistischen Staaten in Ost- und Südeuropa am 25. Januar 1949 als Gegenstück zur Marshall-Plan-Hilfe gegründet. Er sollte im politischen Bereich ein Gegengewicht zur wirtschaftlichen Konsolidierung des sich entwickelnden Westeuropas (speziell gegenüber der OEEC) bilden und die von der SU bereits angebahnten wirtschaftlichen Bindungen innerhalb des Ostblocks organisatorisch festigen und vertiefen.

Bei seiner Auflösung 1991 hatte der RgW folgende Mitglieder: Bulgarien, CSSR, Kuba, Mongolische Volksrepublik, Polen, Rumänien, SU, Ungarn, Vietnam. Die DDR war bereits 1990 ausgetreten. Zu den „Beobachtern“, denen eine freie Mitarbeit offen stand, gehörten auch die asiatischen sozialistischen Staaten sowie Finnland und der Irak. Ein besonderes Verhältnis zum RgW hatte Jugoslawien, das seit 1964 in einigen RgW-Gremien mitarbeitete.

Ratifizierung (auch Ratifikation)

Völkerrechtlich gültige Bestätigung zwischenstaatlicher Abkommen bzw. Verträge durch (in westlichen Demokratien) das Parlament

Sowjetisierung

Der Begriff bezeichnet das Vorgehen der SU in den von ihr annektierten bzw. besetzten Gebieten mit dem Ziel, dort einen staatlich-gesellschaftlichen Aufbau nach sowjetischem Vorbild zu schaffen. Mittel und Phasen der Sowjetisierung:

a) Bildung von „antifaschistisch-demokratischen“ Parteien und deren Zusammenschluss zu einer „Nationalen Front“;
b) Etablierung einer antifaschistischen Koalitionsregierung unter starker Beteiligung der kommunistischen Partei und von kommunistisch gelenkten Massenorganisationen;
c) Besetzung wichtiger Staats- und Regierungsämter (z.B. Innenministerium, Polizei, Justiz) durch Linientreue;
d) Schaffung einer kommunistischen Einheitspartei (Kaderpartei), der sich die anderen Parteien „freiwillig“ unterordnen;
e) Säuberung der Gesellschaft durch Verhaftungen, Terrorakte, Verbote, Ausschalten der Opposition;
f) manipulierte Wahlen, die die Grundlagen des „neuen“ Staates schaffen;
g) wenn nötig ein von der Besatzungsmacht befohlener und initiierter Staatsstreich (z.B. in der CSSR 1948).

UNO (United Nations Organization)

Weltorganisation mit dem Ziel, dem Frieden und der Verständigung der Völker zu dienen. Am 1. November 1943 verkündeten die USA, SU, Großbritannien und China ein Programm der UN. Im Herbst 1944 wurde es während der Konferenz von Dumbarton Oaks in den USA ergänzt und erweitert. Am 26. Mai 1945 nahmen 50 Staaten die Satzungen einstimmig an, die am 24. Oktober 1945 in Kraft traten. Die wichtigsten Organe der in New York beheimateten Organisation sind die Vollversammlung und der Sicherheitsrat. Nach dem Grundlagenvertrag wurden die beiden deutschen Staaten am 18. September 1973 in die UNO aufgenommen.

Warschauer Pakt

Der „Vertrag über Freundschaft, Zusammenarbeit und gegenseitigen Beistand“ wurde am 14. Mai 1955 von der SU, Rumänien, Ungarn, der CSSR, Polen, Bulgarien und Albanien unterzeichnet, dessen Mitgliedschaft allerdings seit dem 1. Februar 1962 ruhte. Am 13. September 1968 trat Albanien aus Protest gegen den Einmarsch der Pakt-Staaten in die CSSR aus dem Pakt aus. Die DDR wurde am 25. Januar 1956 Mitglied.

Art. 11 bestimmte, dass der Vertrag „im Falle der Schaffung eines Systems der kollektiven Sicherheit in Europa und des Abschlusses eines diesem Ziele dienenden gesamteuropäischen Vertrags über kollektive Sicherheit“ seine Gültigkeit verliert. Dieser Artikel machte deutlich, dass der Warschauer Pakt auch als Tauschobjekt für die Auflösung der NATO konzipiert wurde.

Oberste Instanz war der Politische Beratende Ausschuss (mit Sitz in Moskau). Alle entscheidenden Funktionen und Stellen wurden von sowjetischen Militärs bzw. Politikern besetzt.

Literatur

Grundlegende Darstellungen und begleitendes Material

Hillgruber, Andreas: Deutsche Geschichte 1945–1975. Die „deutsche Frage“ in der Weltpolitik. Frankfurt, 1974 (Ullstein, Nr. 3851)
Gut lesbare Darstellung, die in erster Linie die europäischen und globalen Rahmenbedingungen der deutschen Geschichte nach 1945 beschreibt.

Loth, Wilfried: Die Teilung der Welt 1941–1955. München, 1980 (dtv, Nr. 4012)
Der Verfasser behandelt detailliert die deutsche Frage bis zur endgültigen Eingliederung der beiden deutschen Staaten in den West- bzw. Ostblock als Funktion der Auseinandersetzung zwischen den Siegermächten.

Vogelsang, Thilo: Das geteilte Deutschland, München, 1973 (dtv, Nr. 4011)

Sehr ausführliche Darstellung sowohl der Rahmenbedingungen als der inneren Entwicklung der beiden deutschen Staaten von Potsdam bis zum Grundlagenvertrag 1972.

Aufgrund der Quellen, Grafiken, Statistiken und der kurzen, prägnanten Darstellung sind die von der Bundeszentrale für politische Bildung, Berliner Freiheit 7, 53111 Bonn, herausgegebenen Hefte „Informationen zur politischen Bildung“ sehr informativ. Hier besonders:

- Deutschland 1945–1949. Besatzungszeit und Staatengründung. 1998, Nr. 259
- Deutschland in den fünfziger Jahren. 1997, Nr. 256
- Zeiten des Wandels. Deutschland 1961–1974. 1998, Nr. 258
- Die Bundesrepublik Deutschland 1966–1974. 1981, Nr. 191
- Die Bundesrepublik Deutschland 1974–1983. 1988, Nr. 202
- Der Weg zur Einheit. Deutschland seit Mitte der achtziger Jahre. 1996, Nr. 250
- Die Deutsche Frage. 1990, Nr. 203
- Die Entstehung der Bundesrepublik. 1989, Nr. 224
  Hauptstadt Berlin. 1996, Nr. 240
- Frieden und Sicherheit I. 1981, Nr. 189
- Frieden und Sicherheit II, 1981, Nr. 190
- Internationale Beziehungen I. Der Ost-West-Konflikt. 1997, Nr. 245
- Internationale Beziehungen II. Frieden und Sicherheit in den neunziger Jahren. 1997, Nr. 246

Die vier zuletzt genannten Hefte behandeln die militärische und sicherheitspolitische Entwicklung in Europa bzw. in der Welt vom Ende des Zweiten Weltkrieges bis zur Mitte der neunziger Jahre.

Kurzgefasst – Berlin. Hrsg. vom Presse- und Informationsamt des Landes Berlin. Berlin 1996

Auf gut 60 Seiten werden hier die wesentlichen Fakten zur Geschichte und zum politischen Status der geteilten Stadt in übersichtlicher, meist chronologischer Form gegeben.

Quellen und Textsammlungen

Bodensieck, Heinrich: Die Deutsche Frage seit dem Zweiten Weltkrieg. Stuttgart 1981 (Klett, Nr. 42571; *im Text: Bodensieck I, vergriffen*)

ders.: Deutschland-Politik der Bundesrepublik Deutschland. Stuttgart 1981 (Klett, Nr. 42531; *im Text: Bodensieck II, vergriffen*)

ders.: Der Kalte Krieg. Weltpolitik 1945–1962. Stuttgart 1976 (Klett, Nr. 42561; *im Text: Bodensieck III*)

Krause, Helmut / Reif, Karlheinz: Die Welt seit 1945. Geschichte in Quellen, Bd. 5. München 1980

Salzmann, Rainer: Das Deutschlandproblem in der Politik der Nachkriegszeit. Düsseldorf, 1978 (Schwamm, Nr. 12807)

Im Gegensatz zu den reinen Quellenheften von Bodensieck enthält dieses Buch eine kurze, jedoch für den Einstieg sehr gut geeignete Darstellung.

Schmid, Heinz Dieter: Fragen an die Geschichte. Das 20. Jahrhundert. Berlin 1999 *(im Text: Schmid)*

Schmid, Heinz Dieter: Fragen an die Geschichte, Bd. 4. Das 20. Jahrhundert. o.O. 1979 *(im Text: Schmid, Bd. 4)*

Weitere Literatur

Binder, Gerhard: Geschichte im Zeitalter der Weltkriege, 2. Bd. Stuttgart 1977

Bracher, Karl Dietrich u.a. (Hrsg.): Geschichte der Bundesrepublik, 6 Bde. Wiesbaden 1994

Göbel, Walter: Deutschlandpolitik im internationalen Rahmen. Stuttgart 1981

Gräfin Dönhoff, Marion: Deutschland deine Kanzler. Die Geschichte der Bundesrepublik vom Grundgesetz zum Einigungsvertrag. München 1992

Hartl, Hans / Marx, Werner: 50 Jahre sowjetische Deutschlandpolitik. Boppard 1967

Kampmann, Wanda / Wiegand, Berthold: Politik und Gesellschaft, Bd. 2. Frankfurt [11]1980

Kleßmann, Christoph: Zwei Staaten, eine Nation. Deutsche Geschichte 1955–1970. Bonn 1988

Lehmann, Hans Georg: Deutschland-Chronik 1945–1955. Hg. von der Bundeszentrale für politische Bildung. Bonn 1995

Loch, Werner / Hoffmann, Alfons: Die deutsche Nachkriegsgeschichte. Limburg 1979

Maibaum, Werner: Geschichte der Deutschlandpolitik. Hg. von der Bundeszentrale für politische Bildung. Bonn 1998

Schöllgen, Gregor: Die Außenpolitik der Bundesrepublik Deutschland. Von den Anfängen bis zur Gegenwart. Hg. von der Bundeszentrale für politische Bildung. Bonn 1999

Schubert, Klaus von: Sicherheitspolitik der Bundesrepublik, Teil 1. Bonn 1977

Schwarz, Hans Peter (Hrsg.): Handbuch der deutschen Außenpolitik. München 1975

Seiffert, Werner: Selbstbestimmungsrecht und deutsche Vereinigung. Das Selbstbestimmungsrecht einer geteilten Nation. Baden-Baden 1992

Tränhardt, Dietrich: Geschichte der Bundesrepublik Deutschland 1949–1990. Frankfurt 1996
(Ausführliches thematisch gegliedertes Inhaltsverzeichnis)

Thurich, Eckart / Endlich, Hans: Zweimal Deutschland. Lehrbuch für Politik und Zeitgeschichte. Frankfurt 1979

Walpuski, Günter: Verteidigung + Entspannung = Sicherheit. Bonn 1975

Weber, Hermann: Kleine Geschichte der DDR. Köln 1980

Weidenfeld, Werner / Korte, Karl-Rudolf (Hrsg.): Handbuch zur deutschen Einheit 1949–1989–1999. Hg. von der Bundeszentrale für politische Bildung. Bonn 1999

Abkürzungen häufig verwendeter Begriffe

BR	Bundesrat
Breg	Bundesregierung
BRep	Bundesrepublik Deutschland
BT	Bundestag
CDU	Christlich Demokratische Union
COMECON	Council of Mutual Economic Assistance, s. auch RgW
CS(S)R	Tschechoslowakische (Sozialistische) Republik
DA	Demokratischer Aufbruch
DDR	Deutsche Demokratische Republik
DSU	Deutsche Soziale Union
EG	Europäische Gemeinschaft(en)
EVG	Europäische Verteidigungsgemeinschaft
EWG	Europäische Wirtschaftsgemeinschaft
FDP	Freie Demokratische Partei
GG	Grundgesetz der Bundesrepublik Deutschland
KPD	Kommunistische Partei Deutschlands
KPdSU	Kommunistische Partei der Sowjetunion
KSZE	Konferenz über Sicherheit und Zusammenarbeit in Europa
Mio.	Millionen
Mrd.	Milliarden
NATO	North Atlantic Treaty Organization
OECD	Organization for Economic Cooperation and Development (Organisation für wirtschaftliche Zusammenarbeit und Entwicklung)
OEEC	Organization for European Economic Cooperation (Organisation für europäische wirtschaftliche Zusammenarbeit)
PR	Parlamentarischer Rat
RgW	Rat für gegenseitige Wirtschaftshilfe
SBZ	Sowjetische Besatzungszone
SED	Sozialistische Einheitspartei Deutschlands
SMAD	Sowjetische Militäradministration
SPD	Sozialdemokratische Partei Deutschlands
SU	Sowjetunion
UNO	United Nations Organization (Vereinte Nationen)
USA	United States of America
WEU	West European Union (Westeuropäische Union)
WP	Warschauer Pakt